www.ingramcontent.com/pod-product-compliance
Lightning Source LLC
LaVergne TN
LVHW010400070526
838199LV00065B/5864
* 9 7 8 9 3 6 9 0 8 2 8 5 8 *

# النسوية في الأدب العربي

(المقالات)

تم تجميعها:

مكرم نياز

© Taemeer Publications LLC
**Feminism in Arabic Literature**
*(Alnisawiat fi al'adab alArabi)*
by: Mukarram Niyaz
Edition: December '2024
Publisher :
Taemeer Publications LLC (Michigan, USA / Hyderabad, India)

ISBN 978-93-6908-285-8

لا يجوز استخدام أي جزء من هذا الكتاب بأي شكل من الأشكال، بما في ذلك التحميل على موقع ويب، دون الحصول على إذن مسبق من المؤلف أو الناشر. أيضًا، سيكون للسلطة القضائية في حيدر أباد (تيلانجانا، الهند) سلطة حل أي نوع من النزاعات المتعلقة بهذا الكتاب.

© منشورات 'تعمير'

| | | |
|---|---|---|
| كتاب | : | النسوية في الأدب العربي |
| تم تجميعها بواسطة | : | مكرم نياز |
| موضوع | : | المقالات الأدبية |
| الناشر | : | منشورات 'تعمير' (حيدر أباد، تيلانجانا، الهند) taemeerpub@gmail.com |
| سنة النشر | : | ٢٠٢٤ء |
| الصفحات | : | 108 |
| تصميم غلاف العنوان | : | 'تعمير' تصميم الويب |

النسوية في الأدب العربي 5 مكرم نياز

# جدول المحتويات

| | | |
|---|---|---|
| (١) الأدب النسوي العربي ميراث غائب | مفيد نجم | 6 |
| (٢) الأدب النسوي... صور ذهنية ومصطلحات... | سبوتنيك عربي | 11 |
| (٣) يقال إن الأدب أكبر من التصنيفات الضيّقة.. | هالة نهرا | 15 |
| (٤) عن الأدب النسائي والأدب النسوي ... | فاطمة بن محمود | 21 |
| (٥) الكتابة النسوية العربية من التأسيس إلى إشكالية المصطلح | د: عامر رضا | 33 |
| (٦) الأدب النسائي في العالم العربي | البصمات | 53 |
| (٧) النقد الأدبي النسوي بين الرؤية الغربية والعربية ... | مجلة اللغة (الهند) | 65 |
| (٨) ما زال الجدل مستمرًا: الأدب النسوي.. | مروة حافظ | 78 |
| (٩) الكِتابة.. للنساء فقط! | محمد الخشاب | 85 |
| (١٠) مصطلح الأدب النسوي ملتبس ... | القدس العربي | 90 |
| (١١) الأدب النسوي: حين يتمرَّد قلم المرأة | هبة خميس | 97 |

# الأدب النسوي العربي ميراث غائب
## مفيد نجم

الكثير من النسويات العربيات اليوم يكررن مقولات قديمة لنسويات غربيات، ولا يكتفين بذلك بل يهملن دور النسويات العربيات ويغضضن الطرف عن إنجازاتهن الثقافية التي كان لها الأثر الكبير في الثقافة العربية، وسواء كان هذا عن جهل أو تعمد، فإنه من الضروري الالتفات إلى تعديل المسار من خلال رد الاعتبار للنسويات العربيات والبناء على ما أنجزنه.

أدركت الناقدة النسوية في الغرب في مرحلة مبكرة أن من أولى مهامها نفض الغبار عن التراث الأدبي النسوي، وذلك من خلال إعادة التعريف به عبر إعادة نشره ودراسته في ضوء رؤية منهجية جديدة تعيد الاعتبار له.

وعندما انتقل النقد النسوي الغربي إلى ثقافتنا ظل هذا النقد مشغولا بالبحث في سمات النص الروائي النسوي دون الأجناس الأدبية الأخرى مثل الشعر، على غرار ما فعلته الناقدات النسويات في الغرب.

### مفارقات النسويات

لقد مضى على توطين النقد النسوي في ثقافتنا العربية زمن لا بأس به، لكن الأدوار التي كان يفترض بهؤلاء الناقدات أن يقمن بها لم تتحقق حتى الآن.

في أولويات هذا النقد تأتي إعادة نشر التراث النسوي العربي بالطريقة التي تليق به، إضافة إلى إعادة قراءة هذا التراث برؤية منهجية حديثة، والتعريف

بالأدوار الثقافية التي لعبتها الكاتبة العربية في مراحل مبكرة من تاريخها، وكانت بمثابة علامات مهمة في تاريخ الحياة الثقافية العربية.

إن أهمية هذا الدور تتمثل في وصل ما انقطع في تاريخ الكتابة النسوية والأدوار التي لعبتها الكاتبة العربية سواء على صعيد الإسهام النسوي خصوصا والأدب العربي عموما، أو من خلال النوادي الثقافية والصالونات الأدبية التي كانت فضاء للحوار والتفاعل ومناقشة قضايا الأدب والثقافة والفن.

من الضروري إعادة قراءة التراث النسوي برؤية منهجية حديثة، والتعريف بالأدوار الثقافية التي لعبتها الكاتبة العربية

إن مشكلة النقد النسوي العربي تتمثل في أن الغالبية من هؤلاء الناقدات يعملن في الحقل الأكاديمي ما أثر كثيرا على القيام بهذا الدور في حياة ثقافية ما زال فيها دور المرأة الثقافي خاضعا لجملة من الظروف والعوامل الاجتماعية والتربوية والسياسية المعيقة. لكن هذه الملاحظة لا تعفي المرأة الناقدة من القيام بالأدوار التي يستوجب عليها القيام بها، خاصة عندما تكون جزءا من الخيارات الفكرية والسياسية التي اختارتها.

وهكذا تبدو المفارقة واضحة عندما تطيل هؤلاء الناقدات الحديث عن الأدوار التي لعبتها فرجينا وولف وسيمون دو بوفوار وجوليا كريستيفا في تاريخ النقد النسوي والكتابة النسوية، في حين يسكتن عن الأدوار التي لعبتها بعض الكاتبات والمثقفات العربيات في تاريخ الثقافة العربية، والتي لا تقل أهمية عن أدوار سابقاتها من النسويات الغربيات سواء من الناحية التاريخية أو الأدبية.

لذلك لا يكفي أن تحاول هؤلاء الناقدات دراسة الأدب النسوي الراهن المتمثل في الرواية وكأن أدوار المرأة الكاتبة والصحافية العربية بدأت الآن، في حين يغيب جانب هام من هذه الأدوار التي عبرت، في مرحلة تاريخية مبكرة بعضها يعود إلى نهاية القرن التاسع عشر والبعض الآخر إلى عشرينات القرن

الماضي، عن وعي المرأة المبكر بأهمية الدور الذي يمكن أن تلعبه في إغناء الحياة الأدبية العربية وتأكيد دور المرأة الأساسي في هذا المجال. من هنا فإن استعادة صيرورة هذه التجربة ووصل ما انقطع فيها يتطلبان استعادة هذه الأدوار وأهم أعلامها والأثر الذي خلفته في الحياة الثقافية العربية، وهي مسؤولية هؤلاء الناقدات النسويات قبل أن تكون مسؤولية الجهات الثقافية الأخرى، التي لا يبدو أنها معنية باستعادة هذا التراث وتجديد علاقتنا به في ضوء رؤية معاصرة وجديدة.

## مشروع لا بد منه

كانت المرأة العربية الكاتبة والصحافية هي الأكثر وعيا بأهمية العمل الثقافي الجمعي وأثره في تعزيز الحياة الثقافية العربية، كما ظهر ذلك من خلال المجالس الكثيرة التي أقامتها واستقطبت من خلالها أهم أعلام الأدب.

ولأن المرأة الكاتبة والصحافية كانت هي الأكثر رعاية لهذه المجالس فقد ارتبطت هذه المجالس والصالونات بها بامتياز. إن هذه الظاهرة التي لم تدرس حتى الآن بصورة معمقة ومنهجية تحتاج من الناقدات النسويات إعادة قراءة وتحليل للتعريف بالأدوار الهامة التي لعبتها والتي عبرت عن وعي المرأة المبكر بأهمية دورها من خلال المشاركة الفاعلة في تنشيط الحياة الثقافية وفتح باب الحوار حول قضاياها ومسؤولياتها في تحقيق النهضة وتجديد الوعي وتكريس قيم الحياة الجديدة.

لقد بدأ ظهور الروابط والصالونات الأدبية بصورة لافتة منذ مطلع عشرينات القرن الماضي، وقد لعبت الحواضر العربية مثل القاهرة ودمشق وحلب وبيروت دورا أساسيا في بروزها. والملفت للنظر محدودية الاهتمام بدراسة دلالات هذه الظاهرة وما الذي تعنيه على المستوى السوسيولوجي، خاصة وأن هذه الأدوار لم تقتصر على الأدب والثقافة بل تعدتهما إلى الأدوار النضالية ضد

المستعمر ومن أجل نشر أفكار النهضة والتجديد في المجتمع، ما يدل على مشاركة هامة للمرأة في مجالات الحياة المختلفة وعلى تأثرها بالأفكار الجديدة للثقافة الغربية، وهو ما تتم الإشارة إليه غالبا من خلال عدد من أسماء أعلام النهضة الرجال دون أن تتم الإشارة إلى المرأة في هذا المجال.

من هنا تبدو أهمية الدور المنوط بالناقدات النسويات العربيات لاستعادة هذا التاريخ والكشف عن رموزه وتأثيره في الثقافة والمجتمع، إضافة إلى دراسة دلالاته ومعناه خاصة وأن أغلب الصالونات الأدبية ارتبط ظهورها بالمرأة التي كانت تنظر إلى الثقافة من منظور جمعي وتسعى إلى دمج المرأة في المجتمع. إن قيام بعض المحاولات الخجولة والمحدودة في مراجعة هذه الأدوار من قبل بعض الجهات النسائية لا يكفي للتعريف بهذه الأدوار وبيان الأثر الذي خلفته في عصرها على الحياة الثقافية والاجتماعية إذ لا بد من العودة إلى المصادر الأولى والتنقيب والبحث في المصادر التي ما زالت مجهولة لتكوين صورة شاملة وعلمية عن هذا التاريخ وأهم أعلامه وأسباب ظهوره في مدن دون أخرى لوضع هذا التاريخ في سياقه الاجتماعي والسياسي والثقافي.

لقد لاحظنا أن ناقدات نسويات في الغرب نهضن بمسؤولية كهذه أعدن فيها نشر أهم الأعمال الأدبية التي ظهرت في بداية التاريخ الأدبي النسائي على نفقتهن الخاصة ومن خلال دور نشر خاصة بهن، بينما قامت مجموعة أخرى بدراسة هذا المنجز والكشف عن الملامح المشتركة فيه ودلالاته، ما عبر عن الوفاء للإسهامات الأدبية التي قدمتها هؤلاء الكاتبات وما كانت تعبر عنه على مستوى تجربة المرأة الكاتبة من قضايا تخص حياتها وحريتها في مجتمع ما زال محكوما بسلطة أبوية متحيزة.

من هنا تظهر أهمية أي مشروع يمكن للناقدة النسوية العربية أن تقوم به على هذا المستوى على الأقل من أجل تجديد علاقتها حاضرا بماضيها الذي

ناضلت كاتبات ومثقفات من أجل مستقبل المرأة الكاتبة وتقديم صورة مشرقة عن هذا التاريخ والأدوار التي لعبتها على طريق نهضة وتطور المرأة والمجتمع والثقافة.

Ref.: https://alarab.co.uk/

***

# "الأدب النسوي"... صور ذهنية ومصطلحات تؤرق الكاتبات في الوطن العربي
### سبوتنيك عربي

يمثل مصطلح "الأدب النسوي"، إحدى الإشكاليات في الوطن العربي، وربما العالم، خاصة فيما يتعلق بالكتابات الشعرية والقصصية.

التصنيف الأدبي أو إطلاق هذه المصطلحات على كتابة أدبية، يراها البعض قصورا في التعاطي مع الأدب، حيث يرى البعض أن الأدب يعامل بمحتواه ومضمونه دون الاستناد إلى مثل هذه الصور الذهنية التي ظهرت في القرن الماضي.

تقول القاصة التونسية هيام فرشيشي: "من الإشكاليات التي مازالت تثير الجدل والنقاش وجود مصطلح "الأدب النسوي"، نظرا لأن معايير الخطاب الأدبي لا تعالج من خلال تصنيف جنس المبدع".

وأضافت في تصريحات خاصة لـ"سبوتنيك" أن الأدب ليس بالضرورة انعكاسا لشخصية صاحبه، أو يعطي نسبة واضحة عن حجم الأنوثة والذكورة انطلاقا من الذات التي أبدعته، بل الأدب هو هم إنساني وغوص في باطن الروح وإعادة تشكيل العوالم المتخيلة على غير هيئتها في الواقع، حتى وإن استلهمت منه، أو تسرب الواقع من بين أحداثها.

وترى أن مصطلح "الأدب النسوي"، ارتبط بظهور الحركة النسوية، التي حولت المرأة إلى شيء متحررة من القيم الاجتماعية، لتتوغل في التعبير عن

المسكوت عنه في إطار المساواة مع الرجل، الأكثر جرأة في الاقتراب من كل المقدسات لتميزه بعلوية التصنيف الجنسي وأحقيته في تناول كل المواضيع، وهو السباق تاريخيا في الكتابة الأدبية والشعرية وفي نحت الإبداع.

**الأسماء المستعارة**

وتتابع فرشيشي، أن كتابة المرأة انتقلت من مرحلة التخفي باسم مستعار، إلى البوح وانعكاس معاناتها الحسية، خاصة عند تطور الإطار القانوني، وخروجها للمجتمع، وما لاقته من معاملات سيئة تحط من كرامتها، حيث عبرت عن غضبها ونقمتها واحتجاجها بأسلوب يتراوح بين المباشرة والرمزية، ثم انتقلت إلى الكتابة النفسية التي يمكن معالجتها من خلال تفسير رموزها بأدوات علم النفس الأدبي والاجتماعي.

وتشير إلى أن المرأة انتقلت إلى مرحلة الشعرية التي حررتها من شحنات الحنق على مجتمع ذكوري، إلى الانغماس في حالات وجدانية أكسبت لغتها حالات من الدهشة، مستخدمة تقنيات تعبيرية تتقاطع من خلالها فنون بصرية وحركية وسمعية متعددة.

فيما تقول الشاعرة ريم قمري من تونس: "شخصيا لا أؤمن بتقسيم الكتابة أو الأدب إلى أدب نسوي وأدب ذكوري".

وترى قمري في حديثها إلى "سبوتنيك"، الأربعاء، أن الأدب إنساني بالأساس، ولا يمكن الفصل بين كتابة تصنف نسوية لأن كاتبتها امرأة والعكس.

التفاعل بين الجنسين

تتابع: "نكتب تفاعلا مع الوجود والواقع، ونؤسس لوضع جملة من الأفكار والمبادئ العامة، فأنا كامرأة لن ينحصر وجودي في الكتابة عن قضايا المرأة ومشاغلها فقط، ثم أن المرأة هي تتفاعل مع الرجل في هذا الوجود، وبتالي فالكتابة عن المرأة هي بشكل أخر كتابة عن الرجل.

### ما الاختلاف؟

ترى قمري أن الاختلاف يكمن في أسلوب الكتابة وطريقة الطرح، وأن هذا أمر طبيعي، خاصة أن المرأة مختلفة عن الرجل، أي أنها ذات طبيعة مختلفة، لذلك ستكتب بأسلوب وخاصية تشبهها، لكن هذا لا يعني أبدا أنها ستحشر في زاوية معينة، وأنها لا تملك القدرة على الكتابة، إلا في مواضيع بعينها.

تشير إلى أن الوجود هو مادة ثرية للكتابة، ويكتبها الرجل والمرأة بلا تمييز، لكن لكل منها بصمته الخاصة.

### ادعاءات النضال

وتابعت: "برأيي في الغرب حسم هذا الموضوع ولم نعد نتحدث عن أدب نسوي، وكرس مفهوم الأدب ببعده الإنساني، في حين أننا العالم العربي مازلنا متمسكين بهذا التصنيف، لأنه يمنحنا المجال ربما للادعاء، أننا نناضل من أجل النهوض بالمرأة ومكانتها، وهو نضال وهمي، لأن المرأة العربية تجاوزت هذه المرحلة، وأثبتت وجودها أدبيا، على قدم المساواة مع الرجل".

وتشدد على تجاوز مفهوم الأدب النسوي، وأن الحديث الآن الأدب ببعده الإنساني الرحب.

تقول الشاعرة والكاتبة فاطمة ناعوت: لا أرى مصطلح "الأدب النسوي" مصطلحا دقيقا، وإلا توجب علينا أن نتبنى ألوانا أخرى من "النسويات" مثل: النحت النسوي، العمارة النسوية، الموسيقى النسوية، التشكيل النسوي إلى آخر الفنون الستة، كما صنفها الإغريق، وجميعها مصطلحات غير مقبولة، أتعامل مع المرأة بوصفها إنساناً، لا بوصفها نوعا وفصيلاً، لأن في تصنيفها لونًا من التمييز والعنصرية"، بحسب موقع "ولها وجوه أخرى"

كما يرفض المصطلح كل من الشاعر فاروق جويدة والشاعر أحمد سويلم والشاعر فاروق شوشة، من مصر.

على الجانب الآخر، يدعم الناقد سعد البازعي من السعودية مصطلح "الأدب النسائي" ويرى أنه بتحليل بعض الكلمات التي تنتجها المرأة يمكننا أن نلتمس سمات عامة لهذا الأدب.

وبحسب "ولها وجوه أخرى" يرى أنهم في الغرب يتحدثون عن النقد النسوي، وهو نقد يكتبه الرجال والنساء، بهدف الانتصار للمرأة وإثبات مقدار الظلم الذي لحق بها.

ويرى أنها محاولة لإزالة الظلم وبداية مصطلح النقد النسائي كانت بكتاب فرجينيا ولف 1928 "a Room of one's own" ثم تلتها سيمون دي بوفوار بكتاب 1949 " The second sex ".

الناقدة المصرية نهاد صليحة، تقول: "أفضله انطلاقًا من ترجمة كلمة femin وتعني أنثى وبالتالي أقول أدب أنثوي أو منظور أنثوي، ولا أقيم التفرقة علي أساس الجنس الذي يكتب ولكن أقيمه من خلال المنظور الفكري".

وفي تصريحات صحفية عدة قال الكاتب المصري صلاح عيسى، أنه لا يعترف بما يطلق عليه الأدب النسوي، حيث إن الأدب معروف، ويتم تحديد جماليات من خلال أبعاد رسم الشخصيات، والسرد، والبنية الدرامية، وغيرها من الجوانب التي تقيس جماليات الأدب، بعيدا عن نوع الكاتب.

Ref.: https://sarabic.ae/20190911/

***

# يقال إن الأدب أكبر من التصنيفات الضيّقة.. لكن ماذا عن الأدب النسويّ؟

**هالة نهرا**

هل هناك وجود لأدب نسويّ؟ طرحت "**الميادين الثقافية**" هذا السؤال الجدلي على أربع مبدعات عربيّات. وذلك في محاولة لاستجلاء حقيقة وجود هذا النوع من الأدب وما يقترحه، ماهيّته، ومعالجته لقضايا المرأة العربية. ماذا يضيف إلى الأدب العربيّ؟ وما هي رسالته الجوهرية في القرن الـ21، وتحدّيات التعبير الإبداعي المعاصر. كيف كانت إجابات كلٍّ من علوية صبح، لينا كريدية، نضال الأميوني دكاش، وميمونة عامر؟

**علوية صبح: أنا كاتبة نسوية ولستُ نسوية أصولية**

تقول الروائية والأديبة اللبنانية، علوية صبح، إنّ المرأة حين بدأت تكتب سُمّي أدبها بالأدب النسائي، كأنه ملحق بالأدب أو ثانوي وليس من ضمن الأدب والفن، أو كأنّ الرجل وحده يمكنه أن يكتب الرواية أو القصة أو الشعر.

وحين بدأت المرأة تكتب، لا شكّ في أنها نظرت إلى نفسها بالصورة التي يراها بها الرجل، لأنّ كتابة الرجل سبقت كتابة المرأة، وهي قلّدتْهُ في النظر إلى نفسها. لم تكتب عن مشاعرها أو عن تعبيراتها الأدبية من منطلق نفسها، فتماهتْ مع صورتها التي رسمها الرجل لها واستعارتْ خطابه.

الأدب في الحقيقة هو أدب، وليس هناك أدب امرأة أو أدب رجل. قد

تكتب المرأة أدباً ذكورياً أكثر من الرجل، وقد يكتب رجلٌ بطريقة أكثر فهماً للمرأة إلى حدٍّ ما في الأدب العالمي. لكن بالنسبة للأدب العربي، فلم نسمع أو نقرأ صوت المرأة، ليس في النظر إلى جسدها فحسب، وإنما قولها قولاً وخطاباً متعلّقين بكل الأمور الخاصة بالمجتمع وبقضايا المرأة، وحتى بقضايا الرجل والإنسان العادي أو الحرب.

وأردفت صبح: "لو نظرنا إلى ما كتبته المرأة عن الحرب الأهلية في لبنان، لرأينا تعبيرات مختلفة عمّا كتبه الرجل. بالنسبة لي مثلاً، دخلتُ في حيوات النساء؛ كيف تغيّرتْ في الحرب وكيف تخلخل المجتمع، وكان التعبير حسّياً وحقيقياً وليس على مستوى الأيديولوجيا فحسب. الأدب أدبٌ لكن ما يحمله هذا الأدب يمكن أن نصفه بأنه أدبٌ نسوي إذا صح التعبير، بالنسبة لي وأنا أعتبر نفسي كاتبة نسوية حتى وَلَوْ كتبتُ عن موضوع لا يتعلّق بالمرأة، مع أنّ معظم رواياتي هي قضايا المرأة، ليس بمعنى "الكْلِيشيه" وإنما حيوات النساء الحقيقية وتعبيراتهنّ، يعني أن نكشف النقاب، أن نكتب عن كل القضايا المسكوت عنها والتي لم يقاربها الأدب الذكوري. أي كيف تنظر وكيف تعبّر عن جسدها وعن المجتمع، وعن أيّ شيء آخر. يعتبر الذكور دائماً أنّ المرأة لا تكتب إلا عن نفسها، وهذا غير صحيح. بدأت عموماً كتابة المرأة (وأنا أسمّيها "كتابة المرأة" وليس "الكتابة النسائية") تكسر الخطاب الذكوري السائد في الأدب العربي. لا يمكننا أن نسأل ماذا أضافت المرأة، فكأننا بالسؤال نعتبر أنّ أدب الذكور هو الأساس وتأتي المرأة لتضيف أو لا تضيف. بالنسبة لي، كان هاجسي كسر الخطاب الذكوري وخلخلته والتعبير حقّاً بقلم المرأة، بماذا تضيء؟ وماذا تكشف؟ والذي فعلتُهُ في الأدب هو صدقها وحاجتها لأن تعبّر هي عن نظرتها إلى كل الأمور".

ترى صاحبة "مريم الحكايا" أن: "الأدب من دون المرأة ناقص المعرفة. المرأة

والرجل يكملان الخطاب الإنساني في الأدب، من دون تمييز عنصري أو غير عنصري. المعرفة تتمّ على مساحاتٍ تشارك فيها المرأة والرجل من دون إقصاء أيّ أحد. بالنسبة لي، لا يضيرني أن أصف نفسي بكاتبة نسوية لكنني لستُ نسوية أصولية، فأنا ضدّ كل الأصوليات في السياسة أو الأدب أو الفكر... الأدب الحيّ لا يمكن أن يكون أصولياً أو عنصرياً فهو النابض بالحياة، سواء كتبتْه المرأة أم كَتَبَهُ الرجل".

## دكّاش: إنكار الأدب النسوي تجنٍّ على المرأة

الأستاذة الجامعية نضال الأميوني دكاش، المتخصصة في دراسات الأدب العربي في العصر العباسي، والمتخصصة كذلك في الشعر المعاصر، قالت في تصريحٍ لـ"الميادين الثقافية" إنّها ليست مع التفرقة، فالأدب أدب.

وأضافت: "هل كان هناك فرقٌ في الجاهلية بين شعر الخنساء وشعر الرجال الذين عاصروها؟ لقد كانت ندّاً لهم، حتى أنّ النابغة الذبياني كان حكماً بينها وبين حسان بن ثابت في سوق عكاظ، فحكم للخنساء أنّها أشعر من حسان، فغضب حسان وقال له أنا أشعر منك ومن أبيك وأبيها".

وأردفت دكاش: "لكن لا نستطيع القول إنه لا يوجد أدب نسوي، نعم يوجد، ومن ينكر هذا يتجنّى على المرأة، لا أحد أقدر منها على التعبير عن مشاعرها، وأغلب ما كتبتْهُ غادة السمّان أدبٌ نسوي، وما كتبته إيزابيل الليندي أيضاً، وكذلك أحلام مستغانمي والمئات من الكاتبات العربيات والعالميات في الرواية. وفي الشعر يظهر هذا أكثر طبعاً. الكُتّاب الذكور قادرون على التعبير عن المرأة أيضاً، لكن تبقى هناك خصوصية لدى المرأة، ليست الأمومة إلا واحدة من هذه الخصوصية، ناهيك عن مشاعر الحب والجنس وأمور كثيرة. لكن يبقى الأدب إنسانياً وليس من المفترض تجزئته، وفقاً لنوع الكاتب أو جنسه. نعم هناك مواقف وقصص حيث تكون الكاتبة أقدر على التعبير عن

المرأة، كما يكون المبدع الرجل أكثر قدرةً على التعبير عن عالم الرجال، غير أنّ الكاتب يوسف إدريس برع في وصف عوالم النساء، كما برعت مي زيادة في إثبات قدرتها في تحدّي هيمنة كتابات الرجال، لكن القضايا الإنسانية واحدة يتفاعل بها الجنسان".

## لينا كريدية: الأدب أرحب بكثير من تصنيفات ضيّقة

الكاتبة والناشرة اللبنانية لينا كريدية قالت إنّ القارئ تجاوز مصطلح الأدب النسوي خلال قرن من الزمن، فتغيّرت المفاهيم والمجتمعات وتقنيات التواصل، وأصبحت النظرة إلى الإبداع الأدبي مختلفة عمّا سبق، بحكم التطوّر الذي يفرضه الإيقاع الزمني السريع.

على سبيل المثال لا الحصر، في القرن الماضي، كانت روايات الأدب الروسي تضمّ مئات الصفحات، كرواية الإخوة كارامازوف لدوستويفسكي. أما الروائية الفرنسية أني إرنو، فتُعدُّ من أكثر المبدعات اللواتي اختصرن وكثّفن كتاباتهن. ينطبق الأمر على اللغة التي أصبحت أكثر انسياباً وسهولةً وبساطةً في الإجمال.

وأردفت كريدية: "في التصنيفات الأدبية، أجدني قد تجاوزتُ بصمة النسوية في ما خصّ أعمال مبدعات، لأقول إنّها تدخل في نطاق الإنسانية فقط. لقد أصبح الأدب أرحب بكثير من تصنيفات ضيّقة كالتي تعتمد على الجندرة، بل أصبح يلحظ تفرّعات أكثر تفصيلاً ودقةً من خلال تعدّد مذاهبه، كالخيال العلمي والخيال السيكولوجي".

مهمّة الأدب عامةً، والرواية والشعر خاصةً، مختلفة جداً عن مهمّة التأريخ أو معالجة قضايا تتعلق بموضوع من الموضوعات. الإبداع جماليّة قائمة على إمتاع القارئ، وليست له مهمّات محددة كطرح تظلّم أو اقتراح حلول لأي نوع من المشكلات. كما أنّ الشاعر والروائي حرٌّ دائماً في مزج الخيال بالحقيقة ولا

نهاية لما يكتبه، فتكون قصيدته مفتوحة أو روايته تامّة بلا خلاص. ومن النساء مَن كتبن عن أحاسيس الرجال بعمقٍ أكثر، وفي المقابل، ثمة رجال وصفوا مشاعر المرأة برهافة مفرطة ليلتبس الأمر. الإبداع والتميّز والجمال سماتٌ أساسية، أما المشكلات والحلول المتعلّقة بالمرأة أو الإنسانية فلها أمكنة أخرى وأطر مختلفة".

واختتمت كريدية حديثها بالقول: "في الآونة الأخيرة، طرح العديد من الشباب على وسائل التواصل الاجتماعي اقتراحَ إلغاء جمع نون النسوة، ليكون الجمع موحَّداً للجنسين بلا اختصاص بالنساء. أظنّ أنّ طرح مجرّد اقتراحٍ مماثل ينبئنا بالمستقبل القادم بسرعةٍ خاطفة".

## ميمونة عامر: الأدب النسوي يضيف للمرأة أكثر مما يضيفه للأدب

أما الشاعرة اليمنية الصومالية ميمونة عامر، مؤسِّسة ورئيسة تحرير مجلة "إيلدا العربية" للأدب والإبداع النسوي، فترى في حديث مع "**الميادين الثقافية**" أنّه "لا يجب جَنْدَرَة الأدب". لكن في رأيها ظهر هذا المسمَّى عندما بدأ الرجل يحتكر مجال النشر والكتابة، وصار ظهور الأديبات ضئيلاً، وربما اضطر بعضهن لتقديم تنازلاتٍ من أجل مشاركة كتاباتهن وأفكارهن.

وبيّنت أنّ "أهمية الأدب النسوي تكمن في إعطائه مساحةً للنساء من أجل التعبير عن أنفسهن، وإعطاء الأخريات الأمل في البدء بالحياة أو الكتابة وعدم القلق والتردّد في الطرح. أما بخصوص ما يطرحه، فكانت المرأة وما زالت تجد متنفساً في التعبير عمّا لا تستطيع التحدث عنه، وإيجاد حلول له إلا عبر الكتابة".

وعمّا إذا كان الأدب النسوي يعالج كل قضايا المرأة العربية، تقول عامر: "نعم، وإلا كيف كانت ستصل المرأة العربية إلى ما وصلت إليه لو لم تكتب

السابقات وحاربن كل الانتقادات والتعليقات المسيئة؟ نحن بحاجةٍ ماسة إلى الاستمرار بالكتابة، ودعم بعضنا البعض لإنقاذ نساء أخريات يجهلن حقوقهن ليس كنساء فحسب، بل يجهلن كذلك أنّ المرأة كإنسان لديه كيان مستقل وحرية الاختيار مثل الآخر".

وعن إضافات الأدب النسوي وتحدّيات التعبير الإبداعي، قالت: " أنا واحدة من النساء اللواتي غيّرتْهُن كتابات النساء، أصبحتُ أكثر وعياً لحقوقي الإنسانية، وأكثر حرية في ألا أكون تابعة لأفكار وقيود الرجل والمجتمع. يضيف الأدب النسوي إلى الأدب العربي بشكلٍ عام صورةً مختلفة عن صورة المرأة التقليدية التي اعتاد عليها المجتمع الذكوري، بما هي عليه كامرأة جميلة لا صوت لها غير ما يقوله الرجل، أو صوت النساء المبرمَجات وفقاً لما يريده الرجل. الأدب النسوي يضيف إلى المرأة أكثر ممّا يضيف إلى الأدب، فنحتفي اليوم بامرأةٍ قوية ومستقلّة تدرك قيمتها الحقيقية".

أما بالنسبة لتحدّيات التعبير الإبداعي، فتعتقد ميمونة عامر أنّه التحدي الأصعب الذي يواجه الكتّاب بشكلٍ عام للتعبير عن عواطفهم ومشاعرهم، وما يرغب الكاتب أو الكاتبة في معالجته، وهذا يحتاج إلى الكثير من القراءة والممارسة الكتابية للوصول إلى الطريقة الفُضلى في التعبير.

Ref.: https://www.almayadeen.net/arts-culture/

***

## عن الأدب النسائي والأدب النسوي
## (الإشكاليات والرهانات)
### فاطمة بن محمود (كاتبة من تونس)

أنتج الأدب في تفاعله مع المجتمع إشكاليات عديدة يثير بعضها الكثير من الجدل من ذلك ما تكتبه المرأة، هل يمكن تنزيله في سياق أدب نسائي أم يمكن حصره في إطار ما يسمى بالأدب النسوي؟

**المرأة والكتابة في مواجهة تاريخ من القهر:**

يعتبر الأدب النسائي هو الأدب الذي تكتبه المرأة، وهو مفهوم حديث نسبيا يعود إلى منتصف القرن العشرين تقريبا عندما فسح المجال لها لتكتب وتعبر أدبيا عن جانب من مشاعرها ورؤاها، وهذا يعني أنه كان هناك تعتيم تاريخي على مكانة المرأة ودورها جعل منها اجتماعيا في الدرجة الدونية وتوسم بالضعف والعجز وقلة الحيلة.

ما كتبته المرأة عبر التاريخ العربي كان قليلا جدا مقارنة بالرجل، يعكس مكانتها الاجتماعية الدونية لذلك كان يجب أن تتحرر من سلطة المجتمع وتتخلص قليلا من هيمنة الوعي الذكوري لتكتشف قدرتها على الكتابة والتعبير عن ذاتها وبذلك يمكن أن نتحدث عن أدب تكتبه المرأة.

عندما بدأت المرأة تكتب أدبها أي تنتج الشعر والقصة والرواية شعرت بعمق الفجوة بينها وبين ما يكتبه الرجل واصطدمت بالمجتمع. يعتبر إقدامها على الكتابة هو عقوق تجاه المجتمع المحافظ والمنغلق على نفسه بمعنى أن فعل

الكتابة في ذاته يكشف رغبتها في الخروج من بيت الطاعة وتمردا على مؤسسة المجتمع وعلى قوانين العائلة وهو ما يؤكد انتقاص من قيمة المرأة الكاتبة، لذلك وجدت نفسها في حاجة إلى انتحال أسماء مختلفة لتختبئ خلفها و تكتب فظهرت مي زيادة التي أمهرت مقالاتها بأسماء مختلفة من بينها عائدة وإيزيس كوبيا،كما اختارت عائشة عبد الرحمان أن تكتب تحت اسم بنت الشاطئ..

مع فترة التحرر من المرحلة الكولونيالية واستعادة جزء كبير من الأوطان العربية حريتها من قبضة المستعمر انطلقت مرحلة جديدة من الكتابة الأدبية التي كان فيها الانحياز واضحا لفائدة الرجل الذي سيطر على كل القطاعات الإبداعية، فكانت حسرة المرأة شديدة لهذا التفاوت في المكانة الاجتماعية والذي انعكس على المشهد الثقافي عموما، وقد تزامنت تلك الفترة مع ظهور حركة نسوية تطالب بانتزاع حريات عديدة للمرأة من منطلق جندري فأدى ذلك إلى ظهور كتابة أدبية جديدة تنحاز لمطالب المرأة و تنادي بمساحة أرحب تحررها من قبضة الوعي الذكوري، وهنا ظهرت نوال السعداوي التي تعتبر رائدة نسوية مثلت بكتابها الأول "المرأة و الجنس" عتبة لتأسيس مرحلة نسوية في العالم العربي أتبعتها بمجموعة من الإصدارات مثل المرأة و الصراع النفسي" و"الوجه العاري للمرأة العربية " إضافة إلى مجموعة من المؤلفات الروائية مثل الغائب" و"امرأتان في امرأة"....

استطاعت نوال السعداوي أن ترمي حجرا في بركة الوعي السائد الراكدة، وإن لم توفق لتغيير جذري في تركيبة المجتمع إلا أنها استطاعت بانحيازها الشديد للقضايا النسوية أن ترفع صوت المرأة عاليا، ونتج عن ذلك رغبة المرأة في التحرر من قهر المجتمع و سلطة الوعي الذكوري الذي تمثل في الجانب الثقافي و الأدبي بظهور أصوات أدبية نسائية تقتحم الطابوهات وتطالب بالحرية لها و التخلص من قبضة السلطة الأخلاقية، لذلك ظهر الجسد موضوعا رئيسيا في النصوص

السردية لمجموعة من الأسماء النسائية التي تكتب بعناد وجرأة، فلم تعد المرأة تحتاج إسما مستعارا تكتب خلفه ولا تتحمل وصاية المجتمع عليها. وهنا ظهرت أسماء أدبية جديدة مثل السورية سلوى النعيمي والسعودية رجاء العالم والمصرية سلوى بكر...

## الأدب النسائي والأدب النسوي:
## الإشكاليات والرهانات

إن كان الأدب النسائي أي الذي تكتبه المرأة يهتم بكل القضايا الإنسانية، ويتناول كل المسائل الاجتماعية دون أي انحياز أو تعصب للمرأة فإن قضية المرأة لا يمكن أن تعالج خارج الاهتمام بقضايا المجتمع ككل، وهذا يعني أن تحرر المرأة و الرجل معا يكون بالتخلص من الجهل الاجتماعي و التحرر من سلطة الرأي و الأحكام المسبقة التي تستند على المقدس لتفرض نفسها، وهنا يمكن أن نتمثل التجربة الأدبية للكويتية ليلى العثمان التي تقول في أحد حواراتها إنه لا يمكن فصل قضية المرأة عن قضية الرجل نفسه، وإنه لا يمكن أن نطالب بحرية المرأة بمعزل عن المطالبة بحرية الرجل نفسه لنتخلص من جهل المجتمع.

من هنا نلاحظ ان ما تكتبه المرأة في الأدب النسائي هو عام وشامل ولا فرق بين ما يكتبه الرجل سوى أن صاحبة القلم أنثى، في حين أن الأدب النسوي ينطلق من تحديدات جندرية تفصل بين الأنثى والذكر حيث إن الأدب النسوي يعتبر أن المرأة هي حجرة الزاوية ويجب تحررها أولا من الوعي الذكوري حتى ننهض بالمجتمع، وبذلك ينحاز الأدب النسوي بتطرف إلى المرأة بما هي أنثى وتطرح قضاياها ومشاغلها من منطلق جندري خالص. لعل القمع الشديد الذي سلط على المرأة على مر التاريخ وما عاشته من قهر اجتماعي وتسلط عائلي جعل منها كائنا منسحقا وذليلا وبلا قيمة اجتماعية، و هو الذي جعلها

متطرفة إلى حد ما في أطروحتها الجندرية، وتصر بشدة على مطالبها بالمساواة والتحرر الجنسي، لذلك ظهرت كتابات روائية صادمة مثل رواية ''برهان العسل''لسلوى النعيمي و''بنات الرياض'' لرجاء العالم و''اسمه الغرام'' لعلوية صبح و''اكتشاف الشهوة'' لفضيلة الفاروق... إنها نصوص جريئة لا تخجل فيها المرأة من التعبير بصوت مرتفع عن شهوتها وجموحها ورفضها التام لكل الخطوط الحمراء التي رسمت عبر تاريخ طويل من القمع في المجتمع وفي الكتابة.

## الأدب النسوي والاشكاليات:

### الإشكاليات:

اندفاع الكثير من النساء الكاتبات إلى الانتصار لذواتهن المقهورة في مجتمعات ذكورية يستبد فيها الرجل بالسلطة الاجتماعية و الأدبية حيث استأثر لنفسه بمساحة الضوء والتأثير جعلت له نفوذا مطلقا في المجتمع ينعكس في حضوره السياسي والاقتصادي والإبداعي على حساب المرأة نفسها، فقد نقل المبدعون المرأة من مكانتها الدونية في المجتمع وحولوها إلى مجرد موضوع لهم، واستباحوها داخل النص مثلما كان وضعها في المجتمع ،لذلك ظهرت نماذج سلبية للمرأة يبدو أشدها في صورة نمطية كرسها نجيب محفوظ في شخصية ''الست أمينة'' المستسلمة لقدرها الخاضعة للسطوة الذكورية لزوجها، ومن جهة أخرى حوّل حنا مينا المرأة إلى مجرد رغبة يأوي إليها الرجل لينفس عن مكبوتاته ،وهكذا تم توليد صورة دونية للمرأة داخل النصوص الأدبية امتدادا لمكانتها الدونية في المجتمع. إضافة إلى أن النقاد في أغلبهم لم يتناولوا أدب المرأة بما هي ذات مبدعة بل بما هي امرأة تكتب مع ما صاحب ذلك من جلد حينا ومن تجاهل حينا آخر.

كل ذلك جعل من المرأة الكاتبة تنتفض ضد الرجل بما يمثله من سلطة اجتماعية وأدبية، وهذا ما يفسر تطرفها داخل النصوص الأدبية وجرأتها في

تناول الطابوهات خاصة التي لها علاقة بالجسد، فجاءت العديد من الروايات جريئة جدا نفّست فيه عن كبت تاريخي وقهر اجتماعي وتجاهل أدبي عانته المرأة لذلك كان من الطبيعي أن تثار جلبة حال صدور روايات مثل ''بنات الرياض'' و''برهان العسل'' وغيرها..

ربما الحالة القهرية التي كانت عليها المرأة جعل تلك النصوص السردية الجريئة تأتي سريعة وانفعالية ،وبذلك نفسر أنها كانت في مجملها تقريرية لأنها غير ناضجة، وسقطت في المباشرتية فافتقدت الخصائص الجمالية والإبداعية ،لذلك نالت العديد من الروايات شهرة لجرأتها و ليس لجماليتها أي أن الخلفية الجندرية طغت على الجوانب الفنية، لذلك يرى العديد أن شهرة غادة السمان جاءت من تمردها كامرأة على قوالب المجتمع، و أن نجومية أحلام مستغانمي اكتسبتها من أسلوبها الشعري المخملي في الكتابة الروائية الذي جعلها تسقط في كتابة الكيتش.

لعل من أبرز إشكاليات الحديث عن الأدب النسوي ارتباطه بمفهوم الهوية الجنسية للمرأة ،وهذا خلق نوعا من الحساسية لدى العديد من الكاتبات النساء وحتى الكتاب الرجال فتم رفض مفهوم الأدب النسوي لأنه يجعل مما تكتبه المرأة في مواجهة ما يكتبه الرجل وبالتالي يعمل ضمنيا على مقارنة تنتهي عادة بالانحياز لما يكتبه الرجل ،وهو ما زاد في إقصاء المرأة الكاتبة عن المشهد الأدبي، بمعنى أن طرح قضايا المرأة بعيدا عن قضايا المجتمع جعل أدب المرأة بعيدا عن الهم الاجتماعي في مواجهة جهل المجتمع والاستبداد السياسي.

انغلاق المرأة على مفهوم الأدب النسوي جعل مما تكتبه منحصرا في قضايا محددة تتناولها من منطلق جندري، وهذا جعل من ملكة التخيل باعتبارها إحدى شروط العملية الإبداعية محدودة لديها وبذلك سقطت في كتابة نمطية. فالأسماء النسائية التي تكتب عن الجسد وتدعو ضمنيا إلى التحرر التام من

سلطة المجتمع جعلت من هدفها تقويض كل الأسوار المحيطة بالمرأة، جعل من كل تلك الكاتبات يكتبن في نهاية المطاف نصا واحدا بأصوات مختلفة ينتصر للجسد الأنثوي المتمرد على تقاليد العائلة وعلى قيم المجتمع.

لعل الالتباس المفهومي الذي ارتبط بالكتابة النسوية جعلنا نتعثر بولادة مفاهيم جديدة تدور في نفس الفلك الجندري ولذلك ظهر الحديث عن الأدب المؤنث او الأنثوي، وانتقلنا بذلك من الحديث عن الذات المبدعة إلى الذات الأنثوية ومن الهموم الأدبية والقضايا الاجتماعية إلى الحديث عن هموم الأنثى و قضاياها الذاتية بمعزل عن الحراك الاجتماعي، وبذلك عوض أن تنتصر المرأة في كتاباتها لذاتها داخل النسيج الاجتماعي نجدها انتهت من حيث لا تقصد الى إقصاء ذاتها وتحويل عالم الكتابة لديها بما هو عالم الخلق و الابتكار اللامحدود إلى عالم ضيق لا يسع غير أنثى تريد التملص من قيود المجتمع و تحدي قواعد الوعي الجمعي.

## الأدب النسائي والرهانات:

لعل هذه الإشكاليات التي تجد المرأة الكاتبة نفسها فيها عندما يتحدد فعل الكتابة لديها بخلفية محددة تحصر حضور المرأة في وجودها الجندري وتنحاز له بتطرف وإن ذهب البعض إلى أن المسألة تتعلق بضرورة التدقيق المفهومي في "الأنثوية" و "النسوية" غير أني أعتقد أنه يجب ترك هذا المفهوم "الأدب النسوي" جانبا، لا يعني اقصاؤه فهو يستجيب لرغبة وأفكار البعض ممن يتطرفن في قضايا النسوية وليس هناك مبرر لإقصائهن، وسلب حريتهن في التطرف الفكري أيضا إن كان ذلك يلبي نزعة ما في ذواتهن الجريحة غير أن المقصود عدم الاهتمام أكثر بهذا المبحث و استبداله بمفهوم الكتابة النسائية التي تجعل من القضايا الجندرية أحد اهتماماتها الأدبية وليس كل اهتمامها، بمعنى يجب أن تنزل قضايا التحرر النسوي في إطار تحرر اجتماعي يهم الرجل

كما المرأة على السواء أي أن ما خلّفته المرأة من فراغ في الحراك الأدبي والذي يعود إلى إقصاء اجتماعي مقصود جعلها في مرتبة اجتماعية متدنية ،و في مرتبة إبداعية محدودة يجب أن تعوضه المرأة بتوفير كل قدراتها الأدبية من أجل النهوض بالمجتمع وتساهم في تحرره من جهله بذلك فقط يمكن أن تتحقق الحرية بما هي مطلب ينشده الرجل كما المرأة وبذلك يمكن مواجهة الوعي السائد وخلخلة مسلماته التي تنحاز لكل ما هو ذكوري، وهو في ذلك يساهم في ترذيل وضعية الرجل نفسه الذي لا يمكنه ان يتحرر ونصفه الآخر مكبّل بقيود المجتمع. بمعنى أن مفهومي الذكورة والأنوثة من وضع المجتمع نفسه أي نتاج ثقافي وتاريخي وهو ما تؤكده الدراسات الأنثروبولوجية وتذهب إليه "مارغريت ميد" لذلك فان قضية المرأة هي نفسها قضية الرجل والمطلب الأساسي هو حرية الإنسان من جهل المجتمع و من دكتاتورية السياسي ومن قمع التاريخ.

لذلك فإن ما ننتهي إليه من إشكاليات في مبحث الأدب النسوي تجعلنا ننتصر إلى الأدب النسائي الذي يمثل أهم الرهانات للنهوض بواقع المرأة والانتصار إلى الإنسان من أجل بلوغ التحرر، وهذا يعني أن الإبداع لا جنس له وأنه لا يمكن الفصل بين ما تكتبه المرأة ويكتبه الرجل إلا إجرائيا لاغير.

لا ننكر أن المرأة تعيش واقعا اجتماعيا يجعلها مشدودة إلى سلطة المألوف والعادة وهذا في ظل وعيها بحقيقة واقعها إلى معاناة حقيقية،هو لذلك ما تعيشه المرأة يمثل مساحة مهمة يمكن أن تكتبها بتوهج خاص ربما هي أفضل من تكتبه على أن لا تجعله مبحثها الوحيد او تحدد من خلاله زاوية النظر الضيقة التي تنظر منها لذاتها وللعالم.

تخلص المرأة من المحدد الجندري وبالتالي من الثنائية الجنسية يوفر مساحة أرحب لاستثمار طاقتها الإبداعية في الكتابة من أجل الانتصار لكل هو إنساني وهو الذي يجعلها تكتب بندية مع الرجل. وعلى الكاتب نفسه أن

يخلص نفسه من مخلفات القهر الاجتماعي والكبت التاريخي للمرأة وأن ينتصر بدوره إلى نموذج إيجابي وفاعل للمرأة فلا يجتر صورة نمطية لامرأة ضعيفة وهشة ومستسلمة لقدرها، فما يكتبه الأديب سيؤثر في أجيال من القراء هم نواة المجتمع و لا أحد ينكر الإسهامات الإبداعية التي تشغلها المرأة في نصوصها الجريئة والمتأصلة في الواقع الذي تعيشه والمنشغلة بهواجس الواقع ومطالب المجتمع في الحرية والمساواة.

### مرحلة ما بعد النسوية والإشكال الجديد:

لعل المغنم الوحيد للحديث عن أدب نسوي أنه يجعل الجدل الذي يثيره، والمآزق التي ينتهي إليها هي أحد منطلقات الأدب النسائي التي تجعله يدخل العملية الإبداعية بما هي فعل إنساني يساهم في تحرر المجتمع متحررا من كل العُقد الجندرية ويسعى لنحت صورة جديدة للمرأة توافق دورها الجديد، وتعكس قيمتها الحقيقية بمعنى عوض أن تلعن مكانتها الدونية في المجتمع عليها أن تبني مكانتها القيمية في المجتمع، وعوض أن تحمّل الرجل ومن خلفه المجتمع عليها أن تنافس الرجل وتتحدى المجتمع، فالفعل الإبداعي ليس التفكير في ما كان بل العمل من أجل ما يجب أن يكون تلك هي الطريقة العملية لردم تاريخ من القهر الاجتماعي.

بحكم التغييرات اللافتة في المجتمعات الآن والتي تجعلنا نرى المرأة في مراكز قيادية لافتة ولها مكانة اجتماعية معتبرة واستطاعت في الأدب أن ترفع صوتها في منابر إبداعية عديدة جعل مفهوم الأدب النسوي يتقلص ويخفت حوله اللغط وهذا ما سمح بالحديث عن مرحلة "ما بعد النسوية" بما هي أطروحة تتمثل الأدب بما هو نتاج إبداعي للإنسان بعيدا عن التحديد الجندري، بمعنى أنه يجب أن لا نربط بين الإبداع ومفهومي الذكورة و الأنوثة.... وفي هذا الإطار يمكن مناصرة المرأة دون ان يعني ذلك عداء للرجل وأن نتحمس لقضايا

تعيشها المرأة ولا ننكر أنها تسبب لها مشاعر القهر والألم و الإحساس بالدونية دون ان يعني ذلك أن نسلط على الرجل مسؤولية ما تعيشه المرأة. وهذا ما يجعل من مواجهة الضيم الاجتماعي مسؤولية كل من المرأة والرجل على السواء وهذا يعني أن يوجه النقد إلى المجتمع بما هو حامل للإرث الثقافي الذي يحمل في بنيته هذه الفوارق المهينة بين المرأة والرجل، ومن ثمة تصبح المسؤولية الحقيقية للدولة التي عليها أن تلتزم باستراتيجية تستغل فيها كل إمكانياتها القانونية والمادية المتعددة في التربية والإعلام والاقتصاد وغيرها من أجل تحقيق ذوات إنسانية مستقلة ومشبعة بقيم المساواة والعدالة.

اللافت أن مصطلح ما بعد النسوية إن كان يسدل الستار على اللغط الذي تثيره الأطروحة الجندرية إلا أنه مصطلح يثير الجدل بدوره لأن هناك من يرفضه من منطلق أنه يوحي أن المساواة قد تحققت بين الرجل والمرأة في حين أن الواقع يفند ذلك خصوصا في الدول المحافظة والمتخلفة التي لا تزال تفرض على المرأة خطوطا حمراء في الحياة كما في الكتابة.

يبدو أن العديد من الجالسين على الربوة والذين يتابعون اللغط الشديد الذي تثيره قضايا النسوية دون مساهمة فعلية منهم لحلحلة المكانة التي عليها المرأة داخل النص الأدبي وخارجه جعلهم يعتبرون أن مفهوم "ما بعد النسوية" هو إشكال مفهومي يأتي من وراء البحار، وهذا يعني أنها مجرد مناورة ثقافية مستوردة لاجترار القضية النسوية أي وهم آخر تصنعه المرأة لهدر طاقتها في التفكير.

يبدو أن كرة الثلج لا تنتهي وأن كل جدل يأتي بآخر، وكل أزمة تجر أخرى وراءها، ولذلك أعتقد أنه يجب أن ننتهي إلى فكرة واحدة أن على المرأة المبدعة أن لا تشغل نفسها بغير الكتابة، وأن لا تشغل نفسها بغير هواجسها الشخصية وأن تتفرغ لكتابة ذاتها ولكتابة العالم من حولها بروح إبداعية

مستقلة، وبمخيلة متفجرة تسمح لها أن تكون داخل النص بكل عنفوانها الأدبي، وهنا يجب أن تتسلح بالذكاء الأدبي الذي يفرض عليها أن تكون شجاعة في اختيار مواضيعها وذكية في تعاملها الفني، وتترك اللغط لغيرها من المنظرين يولدون الأفكار ويثيرون الجدل، وتلك طريقة تحتاجها بعض المجتمعات لتثبت أنها على قيد الحياة وأنها تعيش وتفكر حتى وهي تلوك الأوهام.....

---

فاطمة بن محمود (كاتبة من تونس)

. تحصلت سنة 1994 على شهادة الفلسفة بالجامعة التونسية – كلية الآداب 9 أفريل بتونس

– أستاذة فلسفة في التعليم الثانوي / متفرغة الآن للكتابة.

وهي – عضو مؤسس في المكتب التنفيذي للاتحاد العربي لأندية القصة / الخرطوم سنة 2017

– عضو الهيئة المديرة لاتحاد الكتّاب التونسيين " مستقيلة " دورة 2013-2011

– عضو مؤسس للرابطة العربية لكُتّاب القصة القصيرة جدا / المغرب سنة 2013

– عضو في "المؤسسة التونسية لحقوق المؤلف و الحقوق المجاورة" منذ 2013

-عضو مؤسس ورئيسة لجمعية الكاتبات المغاربيات بتونس من 2017 الى 2022.

. لها إهتمام بالإعلام واشتغلت في الصحافة التونسية والعربية نشرت في "القدس" و"نزوى" الخ، كان لها عمود أسبوعي في الصحافة التونسية بعنوان " قطرات ضوء " و"فاطميات" .

كما كانت لها تجربة في الإعلام الإذاعي في إذاعة تونس الثقافية (إذاعة حكومية) من خلال برامج ثقافية أسبوعية مثل " قطرة ضوء " و أخر بعنوان " وطني في عينيك " والان تقدم الافتتاحية في برنامج "بكل هدوء".

لها تجربة في الإعلام الدولي : مراسلة لمجلة " الإمارات الثقافية " منذ تأسيسها سنة 2012الى أن سنة 2016.

– لها اهتمام بالتصوير الفوتوغرافي .. تابعت تكوينا في الغرض بمدرسة الفنون والحِرف برادس سنة 2008 / 2009

– لها اهتمام بالسينما وتابعت في الغرض تكوينا في الورشة السينمائية "صلاح أبو سيف" بالمروج باشراف السينمائي التونسي سالم بن يحي وأخرجت شريط سينمائي قصير جدا بعنوان " أزهار أمي " عن قصة قصيرة جدا لها سنة 2011/2010

– لها اهتمام بالفنون التشكيلية وانخرطت في ورشة بإشراف الفنان التشكيلي التونسي سمير شوشان 2020/2019 وأنجزت لوحة بعنوان "حياة".

– تُرجم لها قصائد وقصص إلى الفرنسية والإنقليزية والكردية والفارسية والألمانية..

معلومات أخرى:

– اختارها المجمع التونسي للآداب والعلوم والفنون ( بيت الحكمة) من أبرز الشخصيات التونسية الأدبية في النصف الثاني من القرن العشرين.

– وصلت روايتها "الملائكة لا تطير" إلى القائمة القصيرة لجائزة راشد الشرقي للابداع بالامارات في دورتها الأولى سنة 2018.

– أطلقت مجلة "أوراق مبعثرة" في جانفي / يناير 2021 التي تصدر من لندن ويترأسها الإعلامي الليبي الدكتور جمال محمد "مسابقة عربية في

القصة القصيرة جدا باسم فاطمة بن محمود" مساهمة منها في تدعيم الإبداع العربي واختارت أن تحمل الدورة الأولى لسنة 2021 .

---

Ref.: https://www.kechpresse.com/

***

# الكتابة النسوية العربية من التأسيس إلى إشكالية المصطلح

د: عامر رضا

## مدخل:

لقد تشبعت الكتابة النسائية في ضوء القهر الممارس عليها بشكل أساسي بتجارب نسائية مليئة بالوعي المأساوي، انطلاقًا من الذاكرة النسوية المليئة بصور، ونماذج أيقونية حول واقعها من خلال استحضار " نصوص مشحونة بالاحتجاج والرفض لوضع المرأة العربية المختلف في مجتمعات تكرّس سلطة الرجل وتسلب وجود المرأة وكيانها (1) غسلاً للعار الذي حطّم ذاتها، وجعلها في دائرة المتهم، واستباح فكرها، وسلّط على ذاتها/ فكرها جميع أساليب العنف لينتهيَ بها المطاف للتحرر من ثقافة الرقّ التي فرضها عليها الرجل الذي كان لا يرى فيها إلاّ الجانب السلبي فقط، وفي هذا الخضم كلّه "لا يمكن إلاّ للمرأة الكاتبة أن تعمل على تغيير هذه النظرة ولذلك انخرطت في الكتابة الإبداعية، بصورة أو بأخرى لتقدم لنا صورة أخرى عن المرأة"(2)، بشرط أن تدفع بقضية المرأة وإبداعها إلى التأصيل التاريخي المفضي إلى الاعتراف بمسألة الإبداع النسوي كنوع من التجربة المقهورة في عالم ذكوري لم ينصفها، ولم يجد في أدبها إلاّ كونه" صراخا يفتقد كلّ المعاني الجمالية المتوقعة من أي عمل أدبي"(3) ، لم يشرع بعدُ في تحقيق مشروعية كتابته.

وكلّ هذه التصورات نجد أنّها قد شكلت منافذ، ومفاهيم محورية داخل الكتابة النسائية المنحدرة من سياق الكتابة التقليدية الرافضة للسلطة الأبوية، من خلال التأسيس لنمط إبداعي جديد متمرد "بدأ يعلن عن وجوده ويسجّل حضوره في الحقل الأدبي الذي كان حكرا على الرجل أو يكاد" (4)، وبذلك يرفض المساواة الإبداعية تحت سقف الوعي الذكوري المهيمن على كتابة المرأة، " وهذا ما دفع الحركات النسائية إلى السعي لتغيير النظام اللغوي التقليدي عبر وضع برنامج تحرري يأخذ بعين الاعتبار مسألة تركيب لغة متحررة من القيود التي تعيق تحرر فكر المرأة، وتعبر عن المساواة لأنّ مفاهيم الذكوري والنسوي هي في النهاية مفاهيم ثقافية"(5)، وبالتالي بدأت الكتابة النسائية تبحث عن صور التشكيل الإجناسي في بنية اللّغة، عبر العديد من الأنساق الاجتماعية، والنفسية، "ذات قيم فكرية وجمالية "(6)، مشكلة حلقة وصل بين لغة الذات، وآليات الكتابة النسوية، وهذا ضمن أطر إنسانية ترفض منطق العبودية الذكورية شكلا ومضمونا.

## المحور الأوّل: الأبوية ومصطلح الكتابة النسوية

لقد صادف مصطلح النسوية إشكالية كبرى في تحديد ماهيته، » فقد استعمل هذا المصطلح لأول مرة في مؤتمر النساء العالمي الأول الذي انعقد بباريس سنة(1892) حيث جرى الاتفاق على اعتبار أنّ النسوية هي" إيمان بالمرأة وتأييد لحقوقها وسيادة نفوذها" (7) وبما أنّ الأدب النسوي جزء من هوية المرأة، فقد بات ما تكتبه من إبداع ذا وعي متقدم ناضج، يراعي مختلف العلاقات التي تتحكم في شرط نضج هذا الإبداع داخل نظام المجتمع ليعبّر عن هويتها، وكيانها، وقضاياها، حيث» ظهرت أصوات نسائية في الغرب، قبيل ظهور حركة "النسائية"، اتخذت الأدب شكلا معبرا عن الحقوق الضائعة، ولاسيما حق الأمومة، وقد أظهرت المرأة في شعرها، في تلك المرحلة، وعيا

لقدراتها الفكرية، التي لا تختلف عن الرجل، ولكن التهميش أدى إلى تراجع إثباتها لذاتها"(8) ، لذلك كان إبداعها نافذة تكشف عن كلّ بؤر التوتر الإبداعي، والتي باتت تؤرّق كيانها النسوي الجمعي المحيط بإبداعها "والواقع أنّ التصورات النقدية التي حاولت الاقتراب من إشكالية "الأدب النسائي" قصد معالجتها واستخلاص ما قد تتوفر عليه من سمات مفيدة وكذلك المنظورات الإبداعية التي أنتجت هذا اللّون من الأدب تنزع إلى رفض هذا المصطلح الذي يجزئ فعل الإبداع، وإن كانت تقرّ في سياق رفضها ما يتوفّر عليه هذا النمط من الكتابة التي تنشئها المرأة من خصوصيات تجعل منه ظاهرة مميّزة وعلامة دالة في حقل الإبداع الأدبي"(9) فيمختلف توجهاته.

وهذا ما جعل الاهتمام "يتزايد بإبداع المرأة ونقده، وظهرت اتجاهات وتيارات في الشرق والغرب، (تتباين التيارات والاتجاهات وتختلف)وتتناقض تصورات راديكالية تدافع عن أدب متميز للمرأة بتعصب شديد(...)، وأخرى ترفض هذا التمايز وتشدد على إبداع حقيقي بغض النظر عن الجنس، وتصورات ثالثة معتدلة تجمع بين النقيضين"(10),وعلى هذا الأساس تصرح المبدعة "**لطفية الزيات**" قائلة: "لقد رفضت دائماً التمييز بين الكتابات النسائية وكتابات الرجال رغم شعوري بأنّ النساء والرجال يكتبون بشكل مختلف"(11) ، إذن عملية تجنيس الأدب بالمرأة من شأنه التقليل من قيمته، وجعله في مرتبة دونية أمام الإبداع الرجالي بشكل عام.

كما أنّ مسألة غموض ولبس هذا المصطلح عند النقاد جعله بين ثنائية الرفض والقبول، وهذا ما أدّى بالكتابة النسائية إلى أن تبدو» موضع نزاع بين الرغبة في الكتابة، وهي رغبة غالبا ما تكون قوية عند المرأة، وبين مجتمع يبدي اتجاه تلك الرغبة إما عداء صريحا أو سخرية لاذعة أو يكتفي بعدم تقديرها« (12)، وفي هذا كانت المرأة العربية مثل نظيرتها الغربية التي عاشت نفس

ظروف القهر والتهميش الذكوري، الأمر الذي جعلها تخرج من سجنها باحثة عن ذاتها وهويتها التي قمعت زمنا، فكانت المرأة العربية قد بدأت حينها في الاستيقاظ من سباتها نتيجة لثلاث عوامل ساهمت في بروز وعيها، وهي(13):

• تأثير التيار الغربي المتمثل في الحركة النسوية العالمية، خلال السبعينات، والذي يشكل في نظرنا المرجعية الأساسية للحركات النسوية الحالية في الوطن العربي.

• تولد الوعي لدى المناضلات من النساء بأوضاعهنّ الاجتماعية والجنسية.

• بروز تيار الإصلاح وما كان له من دور فعّال، وأثر إيجابي في بلورة الوعي النسائي خاصة، وأنّه عمل اجتماعي وثقافي داخلي، أي وليد المجتمعات العربية نفسها.

وينبغي الإشارة إلى وجود ثلاثة مواقف نقدية مختلفة برزت حول مصطلح ''الكتابة النسوية'' على أساس النوع، » لذاك كان ابتعاد المرأة الحقيقي عن الكتابة يرجع أساسا إلى هذا التأنيث الذي يثقل كلمتها، فظلت تناضل من أجل انتزاع هذا الحق مضطرة أحيانا للغش والخيانة والتدليس من أجل الظفر بالمستمع لاكتشاف كلمتها وحماية كتابتها«(14) ولعلّ الدّارس لمصطلح ''الكتابة النسوية'' يجده من المصطلحات النقدية المتشعبة، والتي أفرزت عدّة »إشكالات عميقة وعليه لابدّ من التفكير في إيجاد مبررات كافية ومقنعة، لتأكيد خصوصية الخطاب الذي تكتبه المرأة ة«(15)، وقد تعددت الجهود النقدية لتحديد هذا المفهوم وتسييجه بعد ظهور عدّة »صيغ ترادفية أثارت الكثير من الجدل عند ظهورها، لما اكتنف مضمونها من تعميم وغموض«(16)، لكن بقي في الأخير هذا المصطلح هلاميّا متعدد الدلالات، الأمر الذي دفع بالنقاد إلى عدم اجتماعهم على مفهوم نقدي موحّد فمنهم

من قال بالنسوية، ومنهم من وصف إبداع المرأة بكتابة أنثوية، ومنهم من قال بالكتابة النسائية...إلخ إذن» فهذه القضية غالبا ما ينتج عنها إشكالية في استعمال المصطلحات، فنقرأ المصطلح في كتب بدلالة مغايرة لما هي عليه في كتاب آخر، والغريب أن نجد الباحث نفسه يستعمل المصطلحات دون تمييز بين دلالاتها المختلفة»(17)، إذن نجد أنّ قضية »تداول المصطلح وتَعَزُّزِ حضوره في الثقافة والأدب العربي، ارتبط بشكل كبير بظهور جيل جديد من الكاتبات العربيات، عملن من خلال إدراكهنّ لخصوصية وضعهنّ كنساء، ولبلاغة الاختلاف على تطوير ممارسة الكتابة النسوية وإغنائها»(18)، لنصل في النهاية إلى أنّ هناك فوضى نقدية، وقع فيها هذا المصطلح النقدي في ظلّ وجود آراء متعددة حوله في ظلّ وجود بعض الدارسين يقبل مصطلح (النسوي) أو (الأنثوي) ، في وصف أو تصنيف الكتابة النسوية، ويرفضه بعض آخر، و لايعبأ آخرون بالتصنيف، ويتجنب الكثيرون الخوض فيه"(19) لاعتبارات: فكرية /تاريخية / اجتماعية مختلفة.

إذن فالكتابة التي تكتبها المرأة على مستوى التجنيس مفتوحة على وجهات نظر ثلاث هي:(أدب نسائي/أدب أنثويّ/أدب نسويّ) ، وهذه الأوجه المتعددة خاضت فيها ناقدات عربيات على غرار ''زهرة الجلاصي'' و '' نازك الأعرجي'' و '' شيرين أبو النجا'' و '' رشيدة بنمسعود''، و ''نعيمة هدى المدغيري''، و ''جليلة الطريطر''، ....، وغيرهنّ''من الناقدات العربيات، حيث نجد أنّ كلّ واحدة منهنّ قدمت وجهة نظرها من الزاوية التي ترى فيها الإبداع النسوي ومستويات تفوقه النقدي والجمالي والفنّي، لذلك نحن نطرح السؤال الآتي: فأيّ هذه المصطلحات يمكن اعتمادها مباشرة لحظة ولادة نص مكتوب بقلم المرأة المبدعة؟وللإجابة على هذا السؤال نطرح وجهات نظر لآراء ثلاثة نستشف من خلالها دور المرأة العربية المبدعة في التأسيس لقيم الكتابة الأدبية

بعيدا عن سيطرة الرجل وتبعيته الفكرية.

## المحور الثاني: اتجاهات الكتابة النسوية العربية:

لقد أسهمت الكتابة الأدبية للمرأة العربية تاريخيا في تحرير المرأة ، وفكرها من استلاب الرجل لحقها في التعبير عن وجودها الإبداعي وتقل مكنونات ذاتها للمتلقي حتى يرى صورتها الحقيقية دون زيف مباشرة دون وسائط مادية أو فكرية تحول بينها وبين المتلقي، فكان لابدّ للمرأة العربية من اتجاهات فكرية تؤسس من خلالها رؤيتها للواقع والذات والعالم الخارجي لكي يتسنى لها نقل فكرها للآخر دون وسائط, وهذه الاتجاهات هي كالآتي:

### أ– الاتجاه الأوّل: القائل بمصطلح الأدب النسائي

في مصطلح "أدب نسائي" نجد معنى التخصص الموحي بالحصر والانغلاق في دائرة جنس النساء ، وما تكتبه النساء من وجهة نظر النساء سواء أكانت هذه الكتابة عن النساء أم عن الرجال أم عن أي موضوع آخر» فخصوصيات الكتابة النسائية لاتعني وجود تميز مطلق بين الكتابة الذكرية والأنثوية، ويرجع ذلك ليس فقط إلى كون المرأة الكاتبة قد قرأت الكثير من الأعمال الأدبية لكتاب رجال وانطبعت بنماذجهم الثقافية«(20)إذن فمصطلح الكتابة الأدبية النسائية نجده عند بعض الناقدات، مرادف لتصنيف إبداع المرأة، وهذا حسب تعبير» رشيدة بنمسعود«(21) ، وعليه فالأدب النسائي لايعني بالضرورة أنّ المرأة كتبته، بل يعني صراحة أنّ موضوعه نسائي، إذن» التجربة دائما متغيرة حسب الزمان والمكان والطبقة والخلفية الثقافية والجنس والخبرات الجانبية ولايمكننا تجاهل هذه العوامل لنضع مجموعة أعمال في سلة واحدة ونطلق عليها" أدب نسائي" وإلاّ سقطنا في المطلق مرة أخرى وشبكة الصور النمطية«(22) ، إذن فالأدب النسائي مصطلح » يتأرجح مابين مؤيد ومعارض وفيما بينها تتولد أشكال من التطرف«(23) ، وهذا

لكون هذا المصطلح ينطوي »على نوع من التحقير للمرأة ووضعها في مرتبة دونية، وهذا ليس إلاّ انعكاسا للواقع الاجتماعي« (24) الذي كانت تعيشه المرأة بشكل أهان كرامتها عبر التاريخ الإنساني.

كما نجد العديد من الناقدات ممّن فضلن استعمال هذا المصطلح في طرحهنّ كما عند» الناقدة خالدة سعيد في كتابها ''المرأة التحرّر والإبداع'' فقد انطلقت في مقاربة ''الأدب النسائي'' مصطلحا من كونه يبقى مضمونا شديد التعميم رغم شيوعه والغموض رغم كثرة استعماله«(25)، في حين إنّ» خصوصية أدب المرأة ليست خصوصية فنيّة، بل هي خصوصية صادرة عن وعي محدد لدى الكاتبة التي تنتمي إلى فئة اجتماعية، تعيش ظروفا تاريخية خاصة«(26)، ومع ذلك هناك من رفض هذا المصطلح نحو: الناقدة يمنى العيد، والتي» تقرّ برفض التصور النقدي الذي يميّز بين الأدب مفهوما عاما والأدب النسائي مفهوما خاصا لتقرّ بوجود ''نتاج ثوري'' يلغي مقولة التمييز بين الأدب النسائي والأدب«(27)، لكون إنتاج المرأة العربية يعتبر» وسيلة من وسائل التحرر، ومحاولة للتخلص من الوضع الفئوي«(28) والأمر ذاته عند» الكاتبة سهام بيومي فإنّها تتفق- هي الأخرى- مع خناثة بنونة وغيرها من الكاتبات على رفض مصطلح'' الأدب النسائي'' بمترادفاته التي تشير إلى أنماط من الكتابة تقوم بها المرأة وتُشعب حولها المفاهيم والأطروحات التي تقاربها«(29) ولعلّ الأسباب التي كانت وراء هذا الرفض الصريح تكمن في » مايتوفر عليه هذا المصطلح من دلالات مشحونة بالمفهوم الحريمي الذي يحتقر المرأة ويجعلها دون الرجل وتابعة له، وهو المفهوم السائد في المجتمعات العربية ويمثل إحدى قناعتها المحدّدة لنظرتها للمرأة ومنزلتها الاجتماعية «(30) والعلمية.

وعموما » إنّ النزوع إلى رفض مصطلح ''الأدب النسائي'' أو ''أدب

المرأة'' أو'' الكتابة النسائية'' عند النّقاد والكاتبات على حدّ سواء يعود في نظرنا إلى قصور النقد العربي الذي اقتصر على مقاربة هذه الكتابة الظاهرة على الخارج دون أن يسعى إلى تناولها من الداخل بالبحث في أنساقها الفكرية والجمالية«(31) ، بالإضافة إلى ذلك نجد صعوبة كبيرة في إدراك المفهوم » الصحيح للأدب النسائي والذي يفترض ألاّ يحدّد من ذات زاوية الرجل بل من منظور المرأة المبدعة, حتى تتجنب المرأة الوقوع في نفس الفهم الذكوري لهذا اللّون من الأدب الذي تنتجه«(32)، كما نجد أنّ خوف المرأة » من إلحاق صفة الدونية بها وبكتابتها في الآن ذاته هو الذي يعلل نزعة رفضها لتسمية''الأدب النسائي'' «(33) ، وعليه فإنّ جميع هذه العوامل مجتمعة تصور حالات الإبداع النسوي.

### ب– الاتجاه الثّاني: القائل بمصطلح الأدب الأنثويّ

إنّ لفظ الأنثى يستدعي على الفور وظيفتها الجنسية، وذلك لفرط ما استخدم اللفظ لوصف الضعف والرقة والاستسلام والسلبية، حيث أنّ مصطلح ''أنثويّ''محمول على معجم اصطلاحي يحيل على عوالم الأنثى المحمولة على الضعف والاستلاب والرغبة، ولا يمكن بأيّ حال من الأحول أن يكون من أسس تصنيف النص في خانة تدللّ على أن النص نسويّ– أي نصا مكتوبا بقلم المرأة – إذ يمكن للرجل أن يكتب نصا أنثويّا، ودليلنا على ذلك ''شعر نزار قبّاني'' الذي لا يمكن تسميته بالنص النسوي استنادا لمرتكزات النوع، وعليه تقترح الناقدة '' زهرة الجلاصي'': استخدام مصطلح ''النصّ الأنثويّ'' بديلا عن مصطلح ''الكتابة النسوية'' مؤكدة على التعارض القائم بين المصطلحين من حيث الدلالة والمعنى المعجمي، إذ نجده يشير إلى ''نوع من الكتابة النقدية النسائية، التي نبعت من نسوية الناقدات الفرنسيات المعاصرات'' (34) ، واللّواتي تبحثن لأنفسهن عن التأسيس الفعلي.

ولعلّ مصطلح النص الأنثوي يعرّف بنفسه من خلال صور الاختلاف المباشرة، إذ نجده في غنىً عن المقابلة التقليدية (مؤنث/مذكر)، وعليه فـ» مفهوم الأنوثة بشكل عام هو تركيب ثقافي، لأنّ المرأة كما تقول سيمون دوبوفوار:لا تولد امرأة، بل تصبح كذلك حيث يعمد المجتمع الأبوي، استنادا على وجهة النظر هذه، إلى فرض مقاييس اجتماعية عن الأنوثة، على جميع النساء« (35) ، ولقد شمل مصطلح الأنثوية على الإبداع النسوي الذي تنتجه المرأة بشكل عام، لكون الأنوثة عند النقد الذكوري، وحتى عند بعض المبدعات العربيات ليست» سوى الجمال، والرقة (الأميل إلى الضعف)«(36)، وهي في النهاية تعريفات تكرّس ظاهرة العبودية، والاستلاب الذكوري للمرأة التي مازالت رهينة تجربة السلطة الأبوية، التي تعطيها حقّ الإبداع الأدبي، في حين ترفض بعض الناقدات هذا الخلط الاصطلاحي »وتحاولن إثبات أنّ النساء وإن كن إناثا بلاشك فإنّ هذا لايضمن بالضرورة أنوثتهنّ كمفهوم ثقافي، كما لايضمن نسويتهنّ كمفهوم سياسي« (37)، بشكل مطلق.

### ج – الاتجاه الثّالث: القائل بمصطلح الأدب النسويّ

أمّا مصطلح ‘‘النص النسويّ’’ فبات الأكثر دلالة إلى حدّ كبير على خصوصية ما تكتبه المرأة في مقابل ما يكتبه الرجل، فالنسوية إذن تمثل وجهة نظر النساء بشأن قضايا المرأة وكتابتها، وماتحمله من »خصوصيات تجعل منه ظاهرة مميّزة وعلامة دالة في حق الإبداع الأدبي« (38) ، إذن فلابدّ للأدب النسوي أن يحمل صفة النسوية التي تتحدد بحسب آراء الدارسين من خلال نوعية اللغة الموظفة داخل العمل الإبداعي، فالنسوية» لا تقتصر على كونها مجرد خطاب يلتزم بالنضال ضد التمييز الجنسي ويسعى إلى تحقيق المساواة بين الجنسين، وإنما هي أيضا فكر يعمد إلى دراسة تاريخ المرأة وإلى تأكيد حقها في الاختلاف، وإبراز صوتها وخصوصياته« (39)، أي أنّ هناك لغة أنثوية تكون

خاصة بالكاتبات دون سواهم من المبدعين، فضلا عن التجربة الإبداعية والخصوصية النسوية التي تميّزها عن سواها، وهذا» على خلفية وعي متقدم، ناضج ومسؤول لجملة العلاقات، التي تحكم وتتحكم في شرط المرأة في مجتمعها، ويكون جيد التحديد والتوصيف والتنقيب في هذه العلاقات، ويلتقط بالقدر نفسه النبض النامي لحركة الاحتجاج، معبرا عنها بالسلوك والجدل، بالفعل والقول« (40) ، فهي الأقدر في تصوير مختلف جوانب تجربتها الخاصة، وماتخفيه من مكنونات ، ورغبات وآهات، وهذا الرأي قد استأنست إليه الكثير من المبدعات، لكن مع وجود خصوصيات على مستوى الفكر لايستطيع أن ينكرها أيّ شخص.

ومنه ستعتمد الدّارسة اقتراح (توريل مووي) في التمييز بين المصطلحات(النسوية، الأنثى، الأنوثة)، وهذا ما أشارت إليه "نعيمة هدى المدغري" حيث تقول إنّ:» الداعيات إلى النسوية استعملن هذه المصطلحات خلال ثمانينيات القرن العشرين بطرق مختلفة(...) ولذلك اقترحت توريل مووي مسألة التمييز المبدئي بين النسوية على أنّها قضية سياسية، والأنثى على أنها مسألة بيولوجية طبيعية، والأنوثة على أنها مجموع خواص محددة ثقافيا، وبالتالي تدخل في إطار مفهوم حضاري«(41) ، وهذا بحكم الوضع العام الذي أحاط بإبداع المرأة عبر العصور التاريخية، إذ نجد تأثر هويتها وثقافتها بشكل كبير بهذا الوضع، مقارنة بالرجل الذي كانت منافذ التعبير متاحة أمامه ومفتوحة، وعليه نجد» إنّ الأبحاث اللغوية والتاريخية والأنثروبولوجية تقول بأنّ فكرة اللغة النسائية ليست شيئا جديدا ظهر بظهور النقد النسائي، وإنما هي فكرة عريقة في القدم، وكثيرا ما كانت تظهر في الفولكلور وفي الأساطير« (42) والإبداعات منذ القدم.

إنّ حركة المرأة الإبداعية» بزغت في أواخر الستينات من القرن العشرين،

وفرضت نوعا خاصا من الخطاب السياسي، تحت اسم النقد النسوي أو النظرية النسوية، وهو تطبيق نقدي ونظري يلتزم بالنضال ضد الأبوية والتمييز الجنسي«(43) كانت – أثناء احتكاكها بالعالم الخارجي، وعلاقتها الإنسانية به، وحريتها في التعبير– قد بدت في أغلب الحالات مصورة لجميع حالات القهر، والمعاناة مع الآخر، داخل إطار المجتمع/الأسرة، والذي أصبح ورطة لا تغتفر وقع فيها المبدع الرجل من خلال إعاقته للمرأة في مراحل تاريخية من الولوج في عالم الإبداع الأدبي بالمستوى الذي وصل إليه الرجل المبدع فنيا وجماليا، وخاصة وأنّ» التاريخ الذكوري يبث فيها القناعة بضعفها وعدم قدرتها على الخلق والإبداع ,وبالتالي يزرع فيها الخوف من ذلك العالم السحري المرتب من طرف الرجل، إنه نظام موضوع ومؤطر حسب استراتجية ذكورية معلومة« (44) ، وهذا ما جعل الرجل المبدع يتعاطى مع إبداعها بنوع من الزجر والردع، والتهميش، وهذه ضريبة الإبداع، التي يجب على المرأة أن تدفعها» لذلك كان ابتعاد المرأة الحقيقي عن الكتابة يرجع أساسا إلى هذا التأنيث الذي يثقل كلمتها، فظلت تناضل من أجل انتزاع هذا الحق، (...) من أجل الظفر بالمستمع لاكتشاف كلمتها وحماية كتابتها« (45) ، والتي كانت دائما تتعرض للمصادرة التاريخية، والجمالية.

وعليه نجد أنّ مصطلح (الإبداع النسوي) حقل واسع له دلالاته العديدة ليشمل الأدب الذي تكتبه النساء والرجال عن المرأة، ويهتم بوصفه خطاباً خاصا بتصوير مختلف تجارب النساء اليومية من هموم، ووعي فكري، »فكتابة المرأة مرتبطة بقضايا المرأة واهتماماتها والدفاع عن أفكارها، أمّا الكتابة النسوية فلها علاقة مباشرة بالإبداع الأدبي وبالنصوص الإبداعية، وسواء كانت هذه النصوص من إبداع امرأة أو رجل، المهم أنّها تخصّ عوالم المرأة الخاصة والذاتية« (46)، فكان لجوء المرأة المبدعة للكتابة» كمؤسسة وليس كممارسة فقط، لم

تمنح قط للمرأة، إذ عليها أن تنحرف، وتوارب، وتتحايل، وتهدم ذلك الحصار الحديدي لكي تتمكن من الحصول على المواطنة، وربما داخل الكتابة والمجتمع»(47)، إنّها صورة الأدب الحقيقي الذي أصبحت تتبناه، وتعكس من خلاله نظرتها للرجل، ولعلاقاتهما النفسية، والإبداعية » فلم تكن هذه الكتابة النسائية وليدة هذا العصر بل كانت حاضرة دائما، ومخالفة للنماذج الذكرية»(48)، وبذلك كشفت الكتابات النسوية حينها عن الآلية التي يعمل بها المجتمع الذكوري على ترسيخ الاضطهاد النفسي، وازدواجية المعايير، ومع ذلك ف»عندما تكتب المرأة يبقى للنص الأنثوي خصوصيته إذ يكسر الصمت ويقدم رؤية جديدة لم يعتد عليها الخطاب العربي من قبل بشقيه الإبداعي والنقدي»(49)، إلاّ أنّ هيمنة الرجل على المرأة بقيت تاريخيا، واجتماعياً ونفسياً وثقافياً، وبيولوجياً واقتصادياً ولغوياً.

ومنه نستنتج أنّ النظرية الأدبية النسوية ترى أنّ (الكتابة النسوية) كتابة تتخذ موقفاً واضحاً ضد الأبوية وضد هذا التمييز الجنسي أي أنها كتابة مؤدلجة، » ومهما يكن من أمر فالمعنى الذي يتصل بالموقف السياسي من المرأة بعامة، (...) والذي يتصل بالقضايا الثقافية الخاصة بالمرأة، فسوف يعبّر عنه بـ(النسوي)، أما الذي يخص القضايا البيولوجية، فيعبّر عنه بمصطلح(أنثوي)»(50)، وعلى العموم فإنّ» المرأة الكاتبة كانت بحاجة إلى امتلاك فعل الكتابة وحسب التحليل العلمي لغريماس فهي تحتاج إلى الفاعل الإجرائي الذي يحقق الحالة(المرأة الكاتبة) والاتصال بموضوعها( التحرر)» (51) المنشود في عالمها النضالي.

والواقع أنّ مصطلح (الأدب النسوي) واجه إشكالية نقدية في الأوساط الأدبية تكمن أسبابها في عدم فهم المصطلح، والحكم عليه من دون الإلمام بتأريخه، ومدلولاته فضلاً عن غموضه وهلاميته، فكثير من المبدعات العربيات

تعاملن بحذر شديد مع مصطلح الأدب النسوي » لأنّهنّ كنّ يشعرن بأنّ برنامجهنّ الكتابي ينطلق من موقع فئوي محدود فلا هنّ يمثلنّ سلطة ثقافية راسخة في التاريخ، ولاهنّ قادرات بفعل ذلك على إدراج كتاباتهنّ في مرجعيات إبداعية نسائية« (52) ، فالعديد من المبدعات رفضنه لأنه يفرض عليهنّ البقاء في دائرة ضيقة من الكتابة، وهي الكتابة عن المرأة فقط، »وهذا كله من أجل دعم مسيرة الإبداع النسوي، وإيجاد صياغة نقدية لتستوعب الموروث الأدبي الأنثوي، بعيدا عن عقلية الإقصاء والتهميش والنظرة الدونية التي أخنقت صوت الأنثى ردحا من الزمن« (53)، وجعلتها أسيرة التاريخ الذكوري الذي قيد فكرها زمنا طويلا.

وعليه نجد أنّ الموروث الاجتماعي الذكوري القائم على مبدأ السلطة على كلّ شيء حتى على الإبداع النسوي، هو الذي جعل هذه التسمية انعكاسا لواقع يتجسد في كون أن تجربة الأديبات تاريخيا ماهي إلاّ انعكاس صريح عن حالات الاضطهاد الفكري، ممّا جعل هذا المصطلح يتشكل »نسويا في ضوء قيمته الإنسانية والإبداعية التي لاتعني بأيّ حال دونية ما كما يعبر عنها البعض« (54)، في ظلّ القيد المحكم على كلّ ما يختلج ذات المرأة، وما تنتجه من أفكار، وفنون، وآداب تصور الطابع النفسي والتركيب الاجتماعي للمرأة ضمن دائرة الرقيب، إذ» انتهجت الكاتبات في هذه المرحلة أثناء طرح القضايا نهج الاحتجاج والرفض والتحدي الذي كان وليد ذلك الصراع الذي فرض على المرأة معايشته، فتمردت محاولة تخطي الحواجز الذي سيّجها بها المجتمع« (55)، وهي بذلك أنتجت ثورة غير معلنة على جميع قوانين المجتمع الذكوري الذي دفعها للتمرد، والعصيان الفكري والجنسي للمجتمع الإنساني، الذي انتهج سلوك القمع المضاد للتحرر، وعدم الاعتراف بوجودها .

وفي توجه آخر نجد أنّ العديد من الكاتبات العربيات قد وجدن في

مصطلح الأدب النسوي نوعًا من الشّرعية الاصطلاحية في إقامة المساواة بين المبدعين الرجال والنساء فلا حاجة إلى إقامة الحواجز الأدبية، ولا إلى تكريس فلسفة الإقصاء للبنى والصور والعلاقات بين الرجل والمرأة، وصولا إلى إعادة الاعتبار لموقع أدب المرأة، حيث» اتخذت من الكتابة منبرا لإعلاء صوتها والتنديد بكل أشكال العنف الممارس عليها فوردت كتابتها تعبر عن قلقها الدائم« (56)، وقد نجد في مقابل ذلك العديد من الأديبات اللّواتي يتعصبنَ للمصطلح ويُغالينَ في توجيهه كإقصاء النساء اللّواتي ترفضنَ تسمية مصطلح أدب نسوي عن دائرة النسوية، حيث قمنَ باتهامهمنّ بالتبعية المطلقة للرجل، فمصطلح"الأدب النسوي" كان بمثابة اعتراف بوجود المرأة، وفاعليتها في المجتمع» شاع في القرن التاسع عشر، بدأ النقاد بوضع معايير في تحكيم نتاج المرأة، مختلفة عن تلك التي يحكّمون بها نتاج الرجل، لذا كان على الأديبة أن لا تمسّ المحرمات، وأن تظلّ تدور في الخيال السطحي، وأن تكتب للجمهور ما يريده من المرأة(...) إن أرادت أن تقتحم عالم الكتابة، فلا تخرج عن الدور الاجتماعي المنوط بها« (57) منذ الأزل.

**خـــاتمة:**

في النهاية نصل إلى أنّ إشكالية "مصطلح الأدب النسوي" تبقى مسألة متعددة الأوجه ، والأطراف خاصة في ظلّ رفضه من طرف العديد من النساء المبدعات لما وجدن فيه من » خطورة في تصنيف كلّ ما تكتبه المرأة تحت اسم "الأدب النسوي"« (58)، فقد يكرّس الهيمنة النسوية تحت مظلة الإبداع الأدبي ممّا يخلق لنا نوعا من التقسيم والكراهية الأدبية على مستوى الجنس، فيخرج بذلك عن معيار الإنسانية التي تبحث عن التكامل الفكري والأدبي وعليه بقيت مسألة المصطلح، وإشكالاته التي أفرزها على الساحة الأدبية، قد طرحت "زوايا واتجاهات مختلفة حول مصطلح "الأدب النسوي"، بهذه

التسمية وما تنطوي عليه من دلالات، وحتى في داخل صفوف المعترضين، هناك تباين في أسباب الاعتراض، فهم بين معترض من مبدأ رسوخ الموروث الذي اتخذّ شكلا عقائديا، وهو الخطّ من شأن المرأة، فنسبة الأدب إليها ستعارض الموروث المتأصل، أو أنّه لايجوز لها أن تتساوى مع الرجل" (59) في أيّ مجال كان، ليتبين لنا في الأخير عمق الإشكالية من جهة، وخطورة استخدام مصطلح (الأدب النسوي) لما فيه من سعة الدلالة وعمق التأويل، والذاتية في الطرح .

## الهوامش:

1. بوشوشة بن جمعة، الرواية النسائية المغاربية، المغارية للطباعة والنشر والإشهار، تونس، ط1، 2003 ، ص15.

2. نعيمة هدى المدغري، النقد النسوي(حوار المساواة في الفكر والأدب)، منشورات فكر دراسات وأبحاث، الرباط، المغرب، ط1، 2009، ص10.

3. شيرين أبو النجا، عاطفة الاختلاف(قراءة في كتابات نسوية)، الهيئة المصرية العامة للكتاب، مصر، ط 1 ، 1998ص12.

4. بوشوشة بن جمعة، الرواية النسائية المغاربية، ص15.

5. نعيمة هدى المدغر، النقد النسوي(حوار المساواة في الفكر والأدب)، ص80.

6. بوشوشة بن جمعة، الرواية النسائية المغاربية، ص15.

7. نعيمة هدى المدغري، النقد النسوي(حوار المساواة في الفكر والأدب)، ص18.

8. فاطمة حسين العفيف، الشعر النسوي المعاصر(نازك الملائكة، سعاد الصباح ونبيلة الخطيب) نماذج ، عالم الكتب الحديث، إربد، الأردن، ط1، 2011، ص38.

9. بوشوشة بن جمعة، الرواية النسائية المغاربية، ص15، 16 .
10. نعيمة هدى المدغري، النقد النسوي(حوار المساواة في الفكر والأدب)، ص10، 11.
11. بثينة شعبان، مائة عام من الرواية النسائية العربية 1899-1999، دار الآداب، بيروت، ط1، 1999، ص24.
12. نعيمة هدى المدغري، النقد النسوي(حوار المساواة في الفكر والأدب)، ص99.
13. حفناوي بعلي، النقد النسوي وبلاغة الاختلاف في الثقافة العربية المعاصر، مجلة الحياة الثقافية، ع 195، وزارة الثقافة والمحافظة على التراث، تونس، 2008، ص33.
14. نعيمة هدى المدغري، النقد النسوي(حوار المساواة في الفكر والأدب)، ص102.
15. حفناوي بعلي، النقد النسوي وبلاغة الاختلاف في الثقافة العربية المعاصرة، ص34.
16. بوشوشة بن جمعة، الرواية النسائية المغاربية، ص15 .
17. فاطمة حسين العفيف، الشعر النسوي المعاصر(نازك الملائكة، سعاد الصباح ونبيلة الخطيب) نماذج، ص15، 16.
18. حفناوي بعلي، النقد النسوي وبلاغة الاختلاف في الثقافة العربية المعاصرة، ص33.
19. فاطمة حسين العفيف، الشعر النسوي المعاصر(نازك الملائكة، سعاد الصباح ونبيلة الخطيب) نماذج ، ص23.
20. نعيمة هدى المدغري، النقد النسوي(حوار المساواة في الفكر والأدب)، ص98.

21. بن مسعود رشيدة: مبدعة، وناقدة وباحثة مغربية، لها كتاب نقدي"المرأة والكتابة"، "سؤال الخصوصية"، "بلاغة الاختلاف"(1994م)، و"جمالية السرد النسائي"(2006م) إلى جانب مقالات نقدية منشورة في دوريات، [كتاب نعيمة هدى المدغري، النقد النسوي، ص232].
22. شرين أبو النجا، عاطفة الاختلاف( قراءة في كتابة نسوية)، ص46.
23. المرجع نفسه، ص11.
24. المرجع نفسه، ص13.
25. بوشوشة بن جمعة، الرواية النسائية المغاربية، ص19.
26. رشيدة بنمسعود، المرأة والكتابة(سؤال الخصوصية /بلاغة الاختلاف)، إفريقيا الشرق، الدار البيضاء، المغرب، ط1، 1994. ص76.
27. بوشوشة بن جمعة، الرواية النسائية المغاربية، ص17.
28. رشيدة بنمسعود، المرأة والكتابة(سؤال الخصوصية /بلاغة الاختلاف)، ص76.
29. بوشوشة بن جمعة، الرواية النسائية المغاربية، ص22.
30. المرجع نفسه، ص23.
31. المرجع نفسه، الصفحة نفسها.
32. المرجع نفسه، ص22.
33. بوشوشة بن جمعة، الرواية النسائية المغاربية، ص22.
34. سارة جامبل، النسوية و ما بعد النسوية( دراسات ومعجم أدبي)، ترجمة أحمد الشامي، المجلس الأعلى للثقافة، مصر، 2002، ص223.
35. نعيمة هدى المدغري، النقد النسوي(حوار المساواة في الفكر والأدب)، ص19.

36. شرين أبو النجا، عاطفة الاختلاف( قراءة في كتابات نسوية)، ص23.
37. نعيمة هدى المدغري، النقد النسوي(حوار المساواة في الفكر والأدب)، ص19، 20.
38. بوشوشة بن جمعة، الرواية النسائية المغاربية، ص16 .
39. نعيمة هدى المدغري، النقد النسوي(حوار المساواة في الفكر والأدب)، ص18.
40. نازك الأعرجي، صوت الأنثى(دراسات في الكتابة النسوية العربية)، الأهالي للطباعة والنشر، سوريا، ط1 ، 1997 ص24.
41. نعيمة هدى المدغري، النقد النسوي(حوار المساواة في الفكر والأدب)، ص18.
42. المرجع نفسه، ص79.
43. المرجع نفسه، ص19.
44. المرجع نفسه، ص100.
45. نعيمة هدى المدغري، النقد النسوي(حوار المساواة في الفكر والأدب)، ص102.
46. حفناوي بعلي، النقد النسوي وبلاغة الاختلاف في الثقافة العربية المعاصرة، ص46.
47. نعيمة هدى المدغري، النقد النسوي(حوار المساواة في الفكر والأدب)، ص102.
48. المرجع نفسه، ص99.
49. شرين أبو النجا، (عاطفة الاختلاف(قراءة في كتابات نسوية)، ص39.
50. فاطمة حسين العفيف، الشعر النسوي العربي المعاصر(نازك الملائكة، سعاد الصباح، ونبيلة الخطيب)نماذج، ص18.

51. عبد النور إدريس، الكتابة النسائية (حفرية في الأنساق الذات الأنثوية- الجسد-الهوية)، مكتبة وراقة سجلماسة، المغرب، ط1، 2004، ص85.
52. جليلة الطريطر، كتابة الهويّة الأنثويّة في السيرة الذاتية العربية الحديثة، ص07.
53. المرجع نفسه، الصفحة نفسها.
54. أحلام معمري، إشكالية الأدب النسوي بين المصطلح واللغة، مجلة مقاليد، ع2، منشورات جامعة ورقلة، 2011م، ص49.
55. المرجع نفسه، ص152، 153.
56. المرجع نفسه، ص 152.
57. فاطمة حسين العفيف، الشعر النسوي العربي المعاصر(نازك الملائكة، سعاد الصباح، ونبيلة الخطيب)نماذج، ص25.
58. المرجع نفسه، ص30.
59. فاطمة حسين العفيف، الشعر النسوي العربي المعاصر(نازك الملائكة، سعاد الصباح، ونبيلة الخ.

المصادر والمراجع:

(1) أحلام معمري، إشكالية الأدب النسوي بين المصطلح واللغة، مجلة مقاليد، ع2، منشورات جامعة ورقلة، 2011م.

(2) بوشوشة بن جمعة، الرواية النسائية المغاربية، المغارية للطباعة والنشر والإشهار، تونس، ط1، 2003.

(3) بثينة شعبان، مائة عام من الرواية النسائية العربية 1899- 1999، دار الآداب، بيروت، ط1، 1999.

(4) حفناوي بعلي، النقد النسوي وبلاغة الاختلاف في الثقافة العربية المعاصر، مجلة الحياة الثقافية، ع 195، وزارة الثقافة والمحافظة على التراث،

تونس، 2008.

(5) نعيمة هدى المدغري، النقد النسوي (حوار المساواة في الفكر والأدب)، منشورات فكر دراسات وأبحاث، الرباط، المغرب، ط1، 2009.

(6) سارة جامبل، النسوية و ما بعد النسوية (دراسات ومعجم أدبي)، ترجمة أحمد الشامي، المجلس الأعلى للثقافة، مصر، 2002.

(7) عبد النور إدريس، الكتابة النسائية (حفرية في الأنساق الذات الأنثوية–الجسد–الهوية)، مكتبة وراقة سجلماسة، المغرب، ط1.

(8) فاطمة حسين العفيف، الشعر النسوي المعاصر (نازك الملائكة، سعاد الصباح ونبيلة الخطيب) نماذج، عالم الكتب الحديث، إربد، الأردن، ط1، 2011، ص38.

(9) رشيدة بنمسعود، المرأة والكتابة (سؤال الخصوصية / بلاغة الاختلاف)، إفريقيا الشرق، الدار البيضاء، المغرب، ط1، 1994.

(10) شيرين أبو النجا، عاطفة الاختلاف (قراءة في كتابات نسوية)، الهيئة المصرية العامة للكتاب، مصر، ط1، 1998.

(د: عامر رضا، المركز الجامعي عبد الحفيظ بوالصوف– ميلةالجزائر)

Ref.: https://allugah.com/

\*\*\*

## الأدب النسائي في العالم العربي
### البصمات

يشكل هذا الأدب منبرًا للنساء للتعبير عن قضاياهن ومشاركة تجاربهن ورؤاهن حول مجموعة متنوعة من المواضيع. تتنوع أشكال الأدب النسائي بين الشعر والقصة القصيرة والرواية والمقالات، ويتناول قضايا مثل المساواة بين الجنسين والحرية والهوية الثقافية. يعتبر الأدب النسائي في العالم العربي مساهمة قيمة في تغيير النظرة الثقافية والاجتماعية للمرأة وتعزيز دورها في المجتمع.

المحتوى:

1. تطور الأدب النسائي في العالم العربي من البدايات إلى الواقع الحالي.
2. الكتابات النسائية في الأدب العربي وتحليل القصص والروايات.
3. المرأة والهوية الثقافية والأدب النسائي كأداة لتشكيل الهوية النسائية والاجتماعية.
4. المرأة والثقافة ومساهمات الكتّاب والشاعرات في تطور الأدب العربي.
5. النضال والتحرر ورؤية النساء في الأدب العربي النسوي.
6. التوجهات الحديثة في الأدب العربي النسوي والتحديات والإنجازات.
7. الأدب العربي النسائي والتفكير النسوي وتأملات في النقد النسوي.
8. المرأة كمؤلفة وناقدة ودور المرأة في تطوير الأدب العربي.
9. الأدب العربي النسوي والقضايا الاجتماعية والسياسية ورسائل ورؤى نسائية.

## 1. تطور الأدب النسائي في العالم العربي من البدايات إلى الواقع الحالي:

الأدب النسائي في العالم العربي هو تيار أدبي يتميز بتسليط الضوء على صوت وتجارب النساء والمساهمة في تشكيل الوعي الجماعي حول قضاياهن وهويتهن. يعود تاريخ هذا التيار الأدبي إلى فترات مختلفة في التاريخ العربي، وقد شهد تطورًا هامًا على مر العصور.

البدايات:

يمكن تتبع جذور الأدب النسائي في العالم العربي إلى العصور الوسطى حيث كتبت بعض النساء الشاعرات والكتّابات قصائد ونصوصًا تعبّر عن تجاربهن الشخصية والاجتماعية. من أمثلة هذه الشاعرات هي الخنساء.

1. العصور الحديثة: في القرون الأخيرة، شهد الأدب النسائي نموًا وتطورًا كبيرين. في القرن التاسع عشر، برزت نساء كالسيدة حورية حسن في مصر بأعمال أدبية نسوية تعبر عن قضايا المرأة والمجتمع.

2. النهضة الأدبية: مع بداية القرن العشرين والنهضة الأدبية في العالم العربي، ازداد تركيز الأدب النسائي على مساهمة النساء في الحياة الثقافية والسياسية.

3. العصر الحديث والواقع الحالي: في العصر الحديث، يعكس الأدب النسائي التحولات الاجتماعية والثقافية في المجتمعات العربية. كما يسعى العديد من الكتّاب والشاعرات إلى تسليط الضوء على قضايا مثل النسوية وحقوق الإنسان. تعد كتب مثل "ذاكرة جسد" لأحلام مستغانمي.

معلومة:

على الرغم من التحديات والمعوقات التي مر بها الأدب النسائي في العالم العربي، فإنه استطاع ترسيخ مكانته كتيار أدبي هام. ممّا ساهم في توسيع الحوار حول مكانة المرأة ودورها في المجتمع. وبينما يستمر التطور في هذا المجال، فإن

الأدب النسائي يبقى صوتًا قويًا يعبّر عن تجارب النساء ويشجع على التغيير والتفكير النقدي.

## 2. الكتابات النسائية في الأدب العربي وتحليل القصص والروايات:

الكتابات النسائية في الأدب العربي تمثل جزءًا هامًا من التطور الأدبي والثقافي في العالم العربي. كما تتعامل هذه الكتابات مع قضايا المرأة وتجاربها بطرق مختلفة وتسلط الضوء على تحولاتها الثقافية والاجتماعية. لفهم هذا التيار الأدبي بشكل أفضل، دعونا نقم بتحليل بعض القصص والروايات النسائية البارزة.

1. رواية "ذاكرة جسد" لأحلام مستغانمي: تعد هذه الرواية واحدة من أبرز الأعمال النسائية في الأدب العربي المعاصر. تحكي الرواية قصة امرأة تتناول تجربتها الشخصية والعاطفية في رحلة حياتها. كما تستخدم مستغانمي لغة جميلة ومؤثرة لتسليط الضوء على تجارب الأنثى وتقديم نظرة عميقة على العلاقات الإنسانية.
2. رواية "القمر المربع" لغادة السمان: هذه الرواية تستكشف قصص نساء عربيات في الخارج وكيف يؤثر الانفصال عن الوطن على هويتهن وتفكيرهن. تسلط الرواية أيضا الضوء على تجارب الهجرة والغربة والاضطرابات النفسية والعاطفية التي تمر بها الشخصيات النسائية.
3. قصة قيس وليلى "مجنون ليلى": تعتبر هذه القصة واحدة من أشهر القصص في التراث العربي. تروي قصة امرأة تدعى ليلى وحبيبها قيس. تستند هذه القصة إلى الحب والشغف والتضحية، وتعبّر أيضا عن قوة العواطف والعلاقات الإنسانية.

معلومة:

تسعى الكتابات النسائية في الأدب العربي إلى توثيق تجارب النساء والتعبير عن أصواتهن في مواضيع تتنوع من الهوية والهجرة إلى الحب والاستقلال. كما تمثل هذه الكتابات جزءًا مهمًا من التنوع الأدبي في العالم العربي وتساهم في إثراء الحوار الثقافي والاجتماعي.

## 3. المرأة والهوية الثقافية والأدب النسائي كأداة لتشكيل الهوية النسائية والاجتماعية:

إن الأدب النسائي يعتبر واحدًا من الأدوات الفعالة التي تسهم في تشكيل الهوية النسائية والاجتماعية في مجتمعاتنا. يساهم هذا التيار الأدبي في رسم صورة أكثر دقة وتعقيدًا للمرأة وتجاربها ويساهم في تحقيق التوازن والمساواة بين الجنسين. دعونا نلقي نظرة على كيفية تحقيق الأدب النسائي لهذا الهدف من خلال تشكيل الهوية النسائية والاجتماعية.

تسليط الضوء على تجارب المرأة: الأدب النسائي يقدم منصة للمرأة لتقديم تجاربها وقصصها بشكل أفضل. ممّا يساعد على توثيق التحديات والانتصارات التي تواجهها النساء في مجتمعاتنا. ممّا يساهم في بناء تاريخ مشترك للمرأة وتوثيق تفاصيل تجاربها الفريدة.

كسر الصور النمطية: من خلال الكتابات النسائية، يمكن للمرأة تحطيم الصور النمطية التي تُفرض عليها والتي قد تكون محدودة أو محايدة. يتيح لها أيضا الكتابة عن نفسها بأسلوب يجعلها تشعر بالكامل بما تمثله.

تعزيز الوعي النسائي والتضامن: الأدب النسائي يلقي الضوء على قضايا النساء ويشجع على التضامن والتوعية بقضاياهن. يمكن أن يكون محفزًا للنساء للتحدث والتفكير بجدية في مسائل تتعلق بالمساواة والحقوق خصوصا.

تعزيز التفكير النقدي: الكتابات النسائية تشجع على التفكير النقدي حيال التصورات الاجتماعية والثقافية المفروضة على النساء. يساعد الأدب

النسائي القرّاء على التحليل والتفكير في العلاقات بين الجنسين وكيفية تأثيرها على الهوية النسائية.

تحفيز التغيير الاجتماعي: بفضل قوة الأدب، يمكن أن يلهم الكتاب النسويين تغييرًا اجتماعيًا إيجابيًا. عن طريق تسليط الضوء على قضايا مثل العنف ضد النساء، كما يمكن أن تكون الكتابات النسائية محركًا للتغيير والمطالبة بالعدالة.

معلومة:

الأدب النسائي يمثل أداة قوية لتشكيل الهوية النسائية والاجتماعية. إنه يتيح للنساء التعبير عن أنفسهن وتجاربهن ويساعد في تحقيق التوازن بين الجنسين وتعزيز الوعي الاجتماعي.

## 4. المرأة والثقافة ومساهمات الكاتبات والشاعرات في تطور الأدب العربي:

تاريخ الأدب العربي يشهد على إسهامات كبيرة قدمتها النساء الكاتبات والشاعرات في تطور وإثراء الأدب العربي. تأتي هذه المساهمات من خلال قصائدهن الجميلة ورواياتهن الرائعة ومقالاتهن الفلسفية، وهي تعبّر أيضا عن تجاربهن ورؤيتهن بشكل فريد. دعونا نستعرض بعض المساهمات البارزة للكتّاب والشاعرات العربيات في تطور الأدب العربي.

- أمينة السعيد: أمينة السعيد هي كاتبة وناشطة مصرية كبيرة. سعت دائمًا للترويج لحقوق المرأة والعدالة الاجتماعية من خلال كتاباتها وأعمالها. كما ألفت العديد من الكتب حول قضايا المرأة والثقافة العربية.
- رضوى عاشور: رضوى عاشور هي كاتبة مصرية معروفة بأعمالها الأدبية المتميزة والتي تشكل إسهامًا كبيرًا في الأدب العربي. كتبت روايات ومقالات تتناول موضوعات متنوعة منها قضايا المرأة والثقافة.

- غادة السمان: غادة السمان هي شاعرة سورية معاصرة. اشتهرت بقصائدها الجميلة التي تتناول موضوعات الهوية والثقافة والحرية. تعبر قصائدها عن تجربة المرأة والانتماء الثقافي.
- هدى بركات: هدى بركات هي روائية لبنانية معروفة بكتاباتها التي تتعامل مع موضوعات مثل الحرية والهوية. كما تسعى كتاباتها لتوثيق الثقافة اللبنانية والعربية.
- نوال السعداوي: نوال السعداوي هي كاتبة مصرية وطبيبة نفسية، واشتهرت بأعمالها الأدبية التي تتناول قضايا المرأة والهوية والعلاقات الإنسانية.

معلومة:

هذه مجرد نماذج من بين العديد من الكاتبات والشاعرات العربيات اللواتي ساهمن بشكل كبير في تطور الأدب العربي وتعزيز الثقافة العربية. إن مساهماتهن تساعد على تعزيز التنوع الثقافي والأدبي في العالم العربي وتساهم أيضا في فهم أعمق لقضايا المرأة والمجتمع.

### 5. النضال والتحرر ورؤية النساء في الأدب العربي النسائي:

يمثل الأدب العربي النسائي واحدًا من أقوى وسائل التعبير عن تجارب النساء ونضالهن من أجل التحرر والمساواة في المجتمع. يعكس هذا التيار الأدبي تجارب النساء ورؤيتهن لعالمهن بشكل فريد ويساهم أيضا في تشكيل وجهات نظر مهمة حول القضايا النسائية. دعونا نستعرض كيف تظهر رؤية النساء في الأدب العربي النسائي من خلال مواضيع النضال والتحرر.

1. تمكين النساء: يعكس الأدب العربي النسوي رؤية النساء كأفراد مستقلين وقادرين على تحقيق ذاتهم، يعزز هذا التيار النساء ليكونن مسؤولات عن مصائرهن، كما يعززن دورهن في المجتمع.
2. محاربة التمييز والعنف: الكتابات النسوية تسلط الضوء على قضايا مثل

التمييز والعنف ضد النساء وتعرض تأثيرها الضار على حياة النساء، كما تشجع على النضال ضد هذه الظواهر الضارة وتطلب التحرر منها.

3. انتقاد التقاليد الاجتماعية: الأدب العربي النسوي يساهم في تحطيم القيم والتقاليد الاجتماعية التي تقيد حرية وتطور النساء، يحث أيضا على التفكير النقدي حول هذه التقاليد والسعي لإصلاحها.

4. تعزيز الوعي النسائي: يشجع الأدب النسائي النساء على التعلم وزيادة وعيهن بحقوقهن وفرصهن. كذلك يلعب دورًا مهمًا في تمكين النساء من اتخاذ القرارات المستقلة والمشاركة الفعالة في المجتمع.

5. تمثيل متنوع: يسعى الأدب العربي النسوي إلى تمثيل مجموعة متنوعة من التجارب والهويات النسائية. يشمل هذا التمثيل النساء من مختلف الأعراق والثقافات والطبقات الاجتماعية، ممّا يساهم في تعزيز التنوع وتقديم رؤى شاملة.

6. تحفيز التغيير الاجتماعي: الكتابات النسوية تعزز من دور النساء في تحقيق التغيير الاجتماعي. كذلك تحث على المشاركة الفعالة في القرارات العامة وتعزز من دور النساء كمحركين للتغيير الإيجابي في المجتمع.

## 6. التوجهات الحديثة في الأدب العربي النسوي والتحديات والإنجازات:

يمر الأدب العربي النسوي على وجه الخصوص بتطورات حديثة تعكس التحديات والإنجازات التي تواجهها النساء في المجتمع العربي. هذه التوجهات تعكس السعي المستمر للتعبير عن تجارب وآراء النساء وتسليط الضوء على قضاياهن. دعونا نستعرض بعض هذه التوجهات والتحديات في الأدب العربي النسوي الحديث.

1. التنوع والشمولية: إحدى التوجهات الحديثة في الأدب العربي النسوي هي

التنوع والشمولية. يسعى الكتّاب والكاتبات النسويين إلى تمثيل تجارب نساء متنوعات من مختلف الثقافات والخلفيات الاجتماعية والجغرافية. يهدفون بهذا إلى إثراء الأدب بتجارب متعددة وإبراز التشابه والاختلاف بين قصص النساء.

2. تمكين المرأة: الأدب العربي النسوي يستخدم الكتابة كأداة لتمكين النساء وتحفيزهن للمشاركة الفعالة في المجتمع. يعزز الوعي بقضايا المرأة ويحث على النضال من أجل حقوقها والمساواة.

3. تحدي القيم الثقافية: الكتّاب والكاتبات النسويين يتحدون القيم والتقاليد الاجتماعية التي تقيدهم. كما يتعاملون مع مواضيع مثل التمييز والعنف ضد النساء ويحثون على تغيير هذه القيم الضارة.

4. التأثير الرقمي: الوسائل الاجتماعية والمنصات الرقمية تلعب دورًا متزايد الأهمية في نشر كتابات النساء العربيات وتفاعلهن مع القضايا. يسهم الانتشار الرقمي في زيادة الوعي بمواضيع النساء والتواصل أيضا مع جمهور أوسع.

5. التحديات: رغم هذا التقدم لا تزال هناك تحديات تواجه الأدب العربي النسوي، بما في ذلك التهديدات والتضييق على حرية التعبير في بعض المناطق. يستمر الكتاب والكاتبات النسائية في مواجهة هذه التحديات بشجاعة.

## 7. الأدب العربي النسائي والتفكير النسوي وتأملات في النقد النسوي:

الأدب العربي النسائي والتفكير النسوي يشكلان جزءًا حيويًا من الحركة الأدبية والفكرية في العالم العربي. يتميز النقد النسوي بالنظرة النقدية الثاقبة التي يلقيها على التجارب الأدبية والثقافية من منظور نسائي. دعونا نتأمل في هذا

الموضوع ونستكشف بعض التفاصيل.

1. تعريف النقد النسوي: النقد النسوي هو نهج نقدي يتعامل مع الأدب والثقافة من منظور نسائي، مسلطًا الضوء على قضايا المرأة والتمييز والاستبداد.
2. تسليط الضوء على القضايا النسائية: يسعى الأدب العربي النسائي والنقد النسوي إلى تسليط الضوء على قضايا المرأة، مثل التمييز، والعنف، والمشاكل الاجتماعية الأخرى التي تواجهها. يهدف هذا التركيز إلى تحفيز النقاش والتغيير في المجتمع.
3. التعبير الفني والتحفيز الإبداعي: الأدب العربي النسوي يشجع على التعبير الفني للنساء ويمنحهن المنصات للتعبير عن آرائهن وتجاربهن. ممّا يساهم في تحفيز الإبداع وتطوير الأصوات الأدبية النسائية.
4. تطور الفكر النسوي: النقد النسوي يرتبط بتطور الفكر النسوي في العالم العربي، حيث يتطور مع التغيرات الاجتماعية والثقافية ويتغير مع تقدم الزمن.
5. التحديات والإنجازات: الأدب العربي النسوي والنقد النسوي يواجهان تحديات مثل المعارضة والتحفظ على المواضيع النسائية في بعض الأوساط. ومع ذلك، حققا إنجازات كبيرة في تسليط الضوء على القضايا النسائية وتحفيز التغيير.

معلومة:

الأدب العربي النسوي والنقد النسوي يمثلان توجهًا مهمًا في الثقافة العربية الحديثة، حيث يساهمان في فهم أعمق لقضايا المرأة والتحديات التي تواجهها، ويشجعان أيضا على تغيير إيجابي في المجتمع.

## 8. المرأة كمؤلفة وناقدة ودور المرأة في تطوير الأدب العربي:

تأتي النساء في العالم العربي بمساهمات كبيرة وأدوار مهمة في تطوير وإثراء الأدب العربي. إن دور المرأة كمؤلفة وناقدة له تأثير كبير على تشكيل التجارب الأدبية والثقافية في المجتمع العربي. دعونا نتناول هذا الموضوع بالتفصيل.

1. الإبداع الأدبي: تعمل النساء كمؤلفات في مجموعة متنوعة من الأنواع الأدبية، بدءًا من الرواية والشعر وصولًا إلى القصة القصيرة والمقالات، كما يتميز إبداعهن بتنوع المواضيع والأساليب والأصوات التي يقدمنها.

2. تمثيل متنوع: كمؤلفات، تسعى النساء إلى تمثيل تجارب متنوعة للنساء في أعمالهن الأدبية. يشمل ذلك تمثيل النساء من مختلف الثقافات والخلفيات الاجتماعية، ممّا يساهم في تقديم صورة شاملة لتجارب النساء.

3. تناول القضايا النسائية: النساء كمؤلفات يعملن على تسليط الضوء على قضايا المرأة والتحديات التي تواجهها في المجتمع. كما يتناولن مواضيع مثل المساواة، والعنف ضد النساء، وحقوق النساء، ويسعين إلى إلهام وتحفيز القراء للمشاركة في هذه القضايا.

4. التأثير الثقافي: أعمال النساء كمؤلفات لها تأثير كبير على الثقافة العربية والأدبية. تساهم في إثراء اللغة والأسلوب الأدبي، وتقديم تجارب جديدة أيضا تضاف إلى السجل الأدبي العربي.

5. النقد الأدبي: بالإضافة إلى الكتابة، تقوم النساء أيضا بدور هام كناقدات أدبيات. يتيح النقد الأدبي لهن التعبير عن آرائهن حول أعمال الكتّاب الذكور والإناث، ويساهم في توجيه الانتباه إلى القضايا الأدبية والثقافية.

6. التحديات والإنجازات: بالرغم من التحديات التي تواجههن في بعض الأحيان، يتميز دور النساء كمؤلفات وناقدات بالإنجازات الكبيرة. كما تتمثل هذه الإنجازات في تطوير الأدب العربي وإضافة أصوات جديدة ومتنوعة إلى الساحة الأدبية.

معلومة:

المرأة كمؤلفة وناقدة تلعب دورًا حيويًا في تطوير الأدب العربي من خلال إبداعها وتمثيلها للتجارب النسائية والمشاركة في الحوار الثقافي والأدبي، كما تساهم بشكل كبير في تشكيل الثقافة والهوية.

## 9. الأدب العربي النسوي والقضايا الاجتماعية والسياسية ورسائل ورؤى نسائية:

بصورة شاملة، الأدب العربي النسوي يلعب دورًا مهمًا في تسليط الضوء على القضايا الاجتماعية والسياسية من منظور نسائي، حيث يعكس تجارب النساء ورؤاهن للعالم والمجتمع. كذلك تحمل أعمال الكتّاب والكتّابات النسويات رسائل ورؤى نسائية هامة حول مجموعة متنوعة من القضايا، ومنها:

1. المساواة وحقوق المرأة: ينقل الأدب العربي النسوي رسائل قوية حول ضرورة تحقيق المساواة بين الجنسين وتعزيز حقوق المرأة في مجتمعاتها. يعرض أهمية مشاركة النساء في الحياة الاجتماعية والسياسية.
2. التمييز والعنف ضد النساء: يسلط الضوء على قضية التمييز والعنف ضد النساء ويعرض الآثار الضارة لهذه الظواهر على حياة النساء. يحث على التحرك لمكافحة هذه القضايا وإنهاءها.
3. الهوية والتعددية الثقافية: تتناول الأعمال النسوية قضايا الهوية والانتماء الثقافي وتسلط الضوء أيضا على التحديات التي تواجه النساء من مختلف الثقافات والخلفيات الاجتماعية.
4. الحرية والديمقراطية: تعبر الكاتبات النسوية عن رغبة النساء في العيش في مجتمعات حرة وديمقراطية حيث يتمتعن بحقوقهن بالكامل ويمكنهن أيضا المشاركة بفاعلية في صنع القرار.
5. اللاجئين والهجرة: تتناول بعض الأعمال النسوية قصص النساء اللاجئات

والمهاجرات وتسلط الضوء على تجاربهن وتحدياتهن.

6. التحولات الاجتماعية: يعكس الأدب النسائي التحولات الاجتماعية في المجتمعات العربية ويساهم أيضا في فهم تأثير هذه التحولات على حياة النساء.

7. المشاركة السياسية: يشجع الأدب النسائي النساء على المشاركة السياسية وتولي المناصب القيادية والسياسية.

8. الحوار الثقافي: يسهم الأدب النسائي في تعزيز الحوار الثقافي والفهم المتبادل بين مختلف الثقافات والمجتمعات.

معلومة:

بصفة عامة، الأدب العربي النسوي ينقل رسائل ورؤى نسائية هامة حول القضايا الاجتماعية والسياسية، ويسعى أيضا إلى تحفيز النقاش والتغيير في المجتمعات العربية من خلال إسهامات الكتّاب والكاتبات النسائية.

Ref.: https://albasmat5.wordpress.com/2023/

\*\*\*

# النقد الأدبي النسوي بين الرؤية الغربية والعربية (مصطلح النسوية والنسائية) أنموذجا
### مجلة اللغة (الهند)

## المقدمة

ما المقصود بالنقد الأدبي النسوي ؟ ما خصوصياته؟ و ما الغرض منه؟ وكيف يمكن أن يؤثر في طريقة قراءتنا؟ ما النسوية؟ وما الفرق بينها وبين النسائية؟ وما الذي يربط دراسة الأدب بهذا الجدل السياسي والأخلاقي؟

مصطلح "النقد النسوي"، صاغته الناقدة الأمريكية إيلين شوالتز فيكتابها نحو "بلاغة نسوية "عام 1979. وقد دعت إلى "نقد نسوي يركز على المرأة أي إلى اتجاه يتناول النصوص التي تكتبها المرأة

في كتابها "النقد النسوي في العراء عام 1978. وقد نشأ هذا الصنف من النقد الأدبي في منتصف القرن العشرين في أمريكا في نطاق الحركة النسوية المطالبة بالمساواة وعرف رواجا كبيرا في كندا ، ثم تحول إلى فرنسا في السبعينات ، فضبطت دوافعه وغاياته ومناهجه ، وظهرت دراسات عديدة تطبقه"[1]

والنقد النسوي ،كما تراه ماريا هوللي ، "يعد رفضا لكل مواضعات المرأة في المجتمع ،حيث أنه نقد يصدر عن منظور راديكالي للأدب ، ومختلف الأدوار الجنسية، كما أنه يمثل خطوة مبدئية لصيغة إستطيقا ادبية نسوية وتطويرها، إستطيقا تؤسس لقطيعة كاملة مع كل معايير القيم الذكورية المتسيدة ، وذلك

يجعلها تقيم الأدب ، وتحلله من منظور الحياة الأصيلة للمرأة/الأنثى . وهو بذلك يدل على أننا ،نحن معشر النساء، قد بدأنا ننظر لذواتنا ولثقافتنا نظرة جدية تماما "2

يقول عبد الرحمان عوف في كتابه القراءة في الكتابات الأنثوية أن "مهمة النقد النسوي تكمن في التفاعل مع الكتابة النسوية من خلال الإرتكاز على عدة اختلافات بين الرجل والمرأة لكونها تؤدي دورا حاسما في تشكيل الخطاب النسوي إبداعا ونقدا من خلال الإختلافات الموجودة بينهما والمتمثلة في البنية النفسية للمرأة تختلف عن البنية النفسية للرجل كما نجد اختلاف خيال الرجل عن خيال المرأة مما يستدعي اختلاف الذاكرة النسوية عن الذاكرة الذكورية."3

أما حفناوي بعلي فيرى أن "خطاب المرأة النقدي في الثقافة العربية يعد خطابا مكملا لنقد الرجل وليس مناقضا له ملتحما مع قضايا المرأة والمجتمع .غير أنه جاء محتشما في مراحله المتقدمة، وشهد تطورا مشهودا في العقود الأخيرة ، وبرزت تجارب وكتابات نسوية ناضجة ، دخلت بقوة إلى الساحة الأكاديمية . بالرغم من كون النقد الذكوري ظل طاغيا إلى يومنا هذا "4

أ-مفهوم النقد الأدبي النسوي: إذا بحثنا في مفهوم النقد الأدبي النسوي نجد أن هناك إختلافا بينا وواضحا بين النقاد فمثلا يعرفه محمد عناني في كتابه" المصطلحات الأدبية الحديثة" بأن النقد الأدبي النسوي من أشد مجالات النقد الأدبي تعقيدا، بسبب ترجمة مصطلحاته ترجمة كفيلة بتوصيل المعاني المقصودة إلى القارئ العربي"5 وهذا لأنه مصطلح غامض وغير محدد فهل نعني به النقد الذي تكتبه المرأة؟أم النقد الأدبي الذي تكتبه النساء؟ أم نقد الأدب من وجهة نظر المذهب الذي يدعو الى تحرير المرأة؟ فالنقد النسوي يؤكد وجود إبداع نسائي وآخر ذكوري لكل منهما هويته وملامحه الخاصة . 6

ويدعم ذلك حفناوي بعلي في تأكيده على الطابع المميز للنقد النسوي

عموما أنه ''يميل الى التركيز على عالم المرأة الداخلي بما في ذلك الأمور الشخصية والعاطفية ،وتجلية هذا الجانب من خلال القراءة النقدية لأعمال المرأة وهو التاريخ الأدبي الموروث للمرأة ،وهو التاريخ الذي همشته الأعمال السابقة، بفضل الهيمنة المزعومة للأدباء والمؤرخين من الذكور على هذا المجال من الخطاب النسوي ''7 ويتفق معه محمد عناني في تعريف النقد النسوي أنه ''كل نقد يهتم بدراسة تاريخ المرأة ،وتأكيد اختلافها عن القوالب التقليدية التي توضع من أجل إقصاء المرأة وتهميش دورها في إغناء العطاء الأدبي والبحث عن الخصائص الجمالية والبنائية واللغوية في هذا العطاء''8

في حين يفرق إدوارد سعيد بين أمرين فيما يخص هذا النوع من النقد الجديد فالأدب الذي تكتبه امرأة يسميه ببساطة: كتابة المرأة أو الأدب النسوي، أما الأدب الذي يعبر عن موقف محدد عقائدي، ينبع من التعلق بما يعتقد به صاحبه أو تعتقد صاحبته بأنه سمات خاصة بالأنثى و رؤياها للعالم وموقفها فيه فإنه يسميه أدبا أنثويا موازيا وهكذا يتحدث عن النقد الأنثوي و عن الحركات الأنثوية و ما يعنيه هذا التميز هو أن النقد الأنثوي قد يكتبه رجل لأنثى تحديدا موازيا للأدب الذي يكتبه الرجل.9

أما حسين مناصرة فيرى أن النقد النسوي منهج وممارسة نقدية يقوم بها كل من الرجل والمرأة وذلك في تعريفه لهذا النقد بأنه :''خطاب نقدي أو منهج نقدي يتبناه الرجل والمرأة دون التفريق بينهما في هذا الجانب.''10

ومن خلال ما سبق من التعاريف نجد أن هناك من يعد النقد النسوي منهجا في تناول النصوص بينما هناك من يرفض إطلاقا إسم منهج على هذا النقد ،على نحو ما نجده عند الناقد بسام قطوس الذي يعرفه بأنه: ''كل نقد يهتم بدراسة أدب المرأة، ويتابع دورها في إبداعها ويبحث عن خصائصه الجمالية واللغوية والبنائية'' 11

أما الناقد حفناوي بعلي فيذهب الى أن النقد النسوي هو: "فرع من النقد الثقافي الذي يركز على المسائل النسوية، وهو الان منهج في تناول النصوص والتحليل الثقافي بصفة عامة". 12

في حين يرى صبري حافظ أن "النقد النسوي قد قدم إنجازات نقدية ضخمة ترقى الى مستوى الثروة النقدية التي تستحق من نقادنا ودارسينا النظر و الإهتمام وخاصة في تحليل هذا النقد الجديد للأدب النسوي وفي بلورة مجموعة من الاستراتيجيات النقدية التي تمكن الناقد من الكشف عن تيارات المعاني التحتية الرمزية السارية في نصوص المرأة الأدبية وفك شفرات لغتها الإشارية المعقدة" 13

وتذهب الدكتورة شيرين أبو النجا إلى أن النقد النسوي: "ليس منهجا قائما بذاته ولكنه منهج انتقائي أي إستفاد من جميع النظريات السابقة والمعاصرة له، وهو تيار يضع نصب عينيه كسر منظومة التضاد الثنائية، وهو تيار يهدف الى قراءة النسوي وكتابته بين السطور، وفي الثغرات وفي المناطق المعتمة التي لا تسلط عليها البنية الأبوية الأضواء، أي المفاهيم الموجودة بالفعل ، ولكنه غير معترف بها لأنها ليست المماثل." 14

لذا يستوقفنا سؤال مهم يطرح غالبا وهو هل يدخل النقد النسوي تحت المظلة الواسعة للنقد الثقافي أم هو جزء من مصطلح ما بعد الحداثة المتأثرة بفلسفة التفكيك ؟أم هو مشروع حداثي يرمي من خلاله الناقد إلى الدفاع عن المرأة ككيان إجتماعي وحمايتها من نزعة ذكورية تقمعها وتهمشها ؟

يعد كتاب "الجنس الآخر" لسيمون دي بوفوار الصادر عام 1949، "أول محاولة للحديث عن قضايا المرأة وتاريخها ،أما البداية الفعالة حسب إجماع أغلب النقاد والأدباء و المؤرخين، كانت في الستينات نتيجة لحركات تحرير المرأة في الغرب ومطالبتها بالمساواة والحرية الاجتماعية والاقتصادية

"15.

وقد اتهمت فرجينيا وولف و سيمون دي بوفوار الغرب بأنه "مجتمع أبوي يحرم المرأة من طموحاتها وحقوقها، وأن تعريف المرأة مرتبط بالرجل، فهو ذات مهيمنة، وهي "آخر" هامشي سلبي" 16

ب- إشكالية المصطلح : يحمل موضوع النسوية في الأدب والنقد الكثير من الإشكاليات منها استخفاف البعض واتخاذه مجالا للسخرية، بل هناك من صرح بعدم جدوى إثارته وهو قليل من كثير يعترض هذا الموضوع ويقف حائلا بينه وبين التقدم سريعا في البحث فيه الى درجة استعمال مصطلح عدم القابلية للتحديد أثناء تصور الكتابة النسوية، فالكتابة في هذا المضمار تعتبر في حد ذاتها تحد وهذا ما تعترف به لوسي إيدجاري في تفسيرها لهوية المرأة نفسها بوصفها" هوية متمددة جدا بخلاف هوية الرجل فإذا كانت الكتابة النسائية مهمة بالإمتثال بهذا التمدد والإختلاف فإنه من غير المفيد أن نحبس المرأة في التعريف الدقيق لما تعنيه" 17

كما تسهم مقولات دريدا مساهمة فعالة في النقد النسوي الحديث وتتمثل هذه المساهمة من خلال مفهوم (الجدل المستمر بين الإرجاء والاختلاف ) فهو يرى أن "أي بحث عن معنى أساسي ومطلق ونهائي وثابت هو نوع من العبث أو دلالة نهائية ذات معنى بنفسها فقد كشف عن

تغلغل التصور الأدبي ببنيته السلطوية في المنظور النقدي، مما أدى الى نفي الآخر(المرأة)"18 ويذهب البعض إلى أن مصطلح النسوية feminisme قد طرح لأول مرة عام 1860، ثم طرح من جديد في الثلاثينات من القرن العشرين بقوة في أمريكا،بينما طرح في أوروبا بعد الحرب العالمية الثانية ،وازدهر في الستينات والسبعينات في فرنسا 20

وقد عرف معجم hachette "النسوية" بأنها "منظومة فكرية أو

مسلكية مدافعة عن مصالح النساء وداعية إلى توسيع حقوقهن "21

أما معجم webster فيعرفها على أنها" النظرية التي تنادي بمساواة الجنسين سياسيا وإقتصاديا واجتماعيا، وتسعى كحركة سياسية الى تحقيق حقوق المرأة واهتماماتها إلى إزالة التمييز الجنسي الذي تعاني منه المرأة "22

أما جوليا كرستيفا julia kristiva فهي ترفض مفهوم الهوية من أصله، وبالنسبة لها لا وجود للفروق بين الجنسين بما في ذلك القول بهوية نسوية واخرى رجالية ،وترى أن مصطلح féminité ،مفهوم خلقته بنية الفكر الأبوي في تقنينها لعلاقات القوى الإجتماعية وهو مفهوم – تراه -يضع المرأة في إطار هامشي ضمن منظومة علاقات القوى المعتمدة في المجتمع الأبوي .23

وبدورها الناقدة خالدة سعيد ترفض مصطلح الإبداع النسوي باعتبار أن المصطلح يتضمن معنى الهامشية في مقابل الذكورية، فهي تدعو إلى إلغاء التمييز الجنسي بين الذكر والأنثى ، عن طريق رفض اتخاذه كمعيار لخصوصية الكتابة الأنثوية، مما يعني استرجاع الذات المفقودة ، والإنطلاق مع هوية جديدة تحمل معاني الإستقلال والتحرر.24

ج- الفرق بين النسوية والنسائية: يعرف لسان العرب" أن النسوة والنسوة بالكسرة والضم، والنساء والنسوان و النساء جمع نسوة إذا كثرن فالفرق بين النسوة والنساء هو فارق بحت حيث لفظة النساء أكثر عددا من لفظة النسوة 25.

غالبا ما يطرح التساؤل حول الفرق بين المفهومين، وقد أشارت إليه الدكتورة شيرين أبو النجا، في كتابها (نسوي أم نسائي) فعرفت النسوي أنه :"نتيجة إلى الوعي الفكري والمعرفي وأن النسائي يتجه الى الجنس البيولوجي، إذ تؤكد في مقدمتها: أنه تلزم التفرقة دائما بين نسوي أي وعي فكري ومعرفي، ونسائي أي جنس بيولوجي ".26

و تفرق رشيدة بن مسعود بين مفهومي النسوية والنسائية حيث تقول في النسوية " أنها كتابة تلجأ فيها المرأة إلى توظيف الأدب كأداة للإحتجاج على أوضاعها، الإجتماعية والأسرية والتعليمية والسياسية، وعلى أوضاع المرأة عموما داخل المجتمع الذكوري، للإحتجاج على الرجل، أما الكتابة النسائية هي التي تلجأ فيها المرأة إلى أساليب ادبية وجمالية محضة، لاتتبنى فيها موقفا مسبقا من الرجل "27

ونجد سارة جامبل "sara Gambel" في كتابها "النسوية وما بعد النسوية" تذهب إلى أن النسوية تعني: "كل جهد نظري أو عملي يهدف إلى مراجعة واستجواب، أو نقد وتعديل النظام السائد ...الذي يجعل الرجل هو المركز هو الإنسان والمرأة جنسا ثانيا أو الآخر في أنثوية الأنثى."28

أما سعاد المانع فتقول من خلال متابعتها النقد النسوي الغربي أنه: "يمكن القول أن النقد النسوي في الغرب مازال موضع عدم استقرار، وبالنسبة لوجود لغة انثوية خاصة ،يبدو هذا أقرب إلى التجربة منه الى نظرية ثابتة، وترى أن النقد النسوي العربي ليس سوى انعكاسا للنقد النسوي في الغرب، وأن الكتابة الأنثوية تعكس الطبيعة الداخلية للمرأة وهكذا يصبح النص والبطلة والأنثى فيه امتدادا نرجسيا للمؤلفة".29

وهذا عبد الله الغذامي يرى" إن حادثة المرأة والكتابة لا تقف عند ظاهرها الإ بداعي وكأنما هي مجرد إنجاز ثقافي ولكنها تتعدى ذلك لتكون ضرورة ثقافية ،ولذا فإنها ترتبط بالقلق وتتشابك الكتابة مع الإكتئاب

فالمرأة إنما تكتب بدافع ذاتي، فلا أحد يملي عليها ماتكتبه ،طالما أنها دخلت وبرغبة منها إلى فضاء الكتابة ، هو ذكوري التأسيس والتأصيل ثقافيا واجتماعيا، دخلت سعيا منها لتشكيل خطاب أنثوي جديد ،لا يطمس الخطاب الذكوري ولا يهمشه بل يتقاطع معه".30

من خلال هذه التعاريف نلاحظ أن هناك إجماع على أن النسوية في أصلها عبارة عن حركة سياسية بالأساس تسعى إلى الدفاع عن حقوق المرأة السياسية و الإجتماعية كالحق في العمل والتعليم وغيرها من الحقوق التي كانت حكرا على الرجال دون النساء.

فالنسوية إذا محاولة لرد الإعتبار للمرأة بعد التمييز والتهميش التي عانت منه طوال عصور خلت...

بينما يذهب روجيه غارودي أحد الفلاسفة المعاصرين والذي أطلق عليه البعض بأنه مفكر نسوي بإمتياز في كتابه الأساسي في هذا الموضوع والموسوم ب pour l'événement de la femme (في سبيل ارتقاء المرأة) إلى أن النسوية ليست حكرا بالنساء وحدهن بل هي فلسفة للجنسين معا أي لكل من يؤمن بمبادئ هذه الفلسفة ويناضل من أجلها فكرا وقولا وعملا ".31

يبرز من خلال تتبعنا للإشكالات التي يلاقيها النص المنجز من قبل المرأة أن أهم ما يثار نقديا هو تعدد المصطلح وعدم اتفاق النقاد عليه ما يؤكد أن هذا المصطلح لا يزال يبحث عن مسمى يجمع عليه الدارسون في حقل كثرت فيه التسميات، فنجد من يطلق عليه اسم: النقد المؤنث ونقد الأنثى ونقد المرأة والنقد النسوي والنقد النسائي ولعل المصطلح الأخير أكثر ارتباطا في ذهن القراء لا سيما الكاتبات تحديدا بقراءات نقاد مشهورين نظروا لنص المرأة نظرة سلبية تنم عن الانتقاص والسخرية.

الأمر الذي أيده ميجان الرويلي و سعد البازعي في دليل الناقد الأدبي على أن النقد النسوي يمكن تقسيمه الى نوعين متميزين يهتم النمط الأول بالمرأة بوصفها قارئة وبالمرأة من حيث هي مستهلك للأدب الذي ينتجه الرجال أما النمط الثاني للنقد النسائي فيهتم بالمرأة من حيث هي منتج للمعنى النصي

وهو ما توجه إليه كثير من الأتباع ويعرف بالنقد الجينثوي (gynocriticism) أي النقد الذي يعنى على وجه التحديد بإنتاج النساء من كافة الوجوه ".32

وغاية النقد النسائي إنصاف المرأة وجعلها على وعي بحيل الكاتب الرجل وإبراز طريقة تحيزه" ضد المرأة وتهميشها بسبب أنوثتها"33

ومن ثم فإن النقدالنسوي يتحرك بصفة عامة على محورين:

الأول: دراسة صورة المرأة في الأدب الذي أنتجه الرجال

والثاني :دراسة النصوص التي أنتجتها النساء

ويلتقي المحوران في الواقع عند نقطة واحدة هي هوية المرأة أو ذاتها

وجوهر فكرة النقد الأدبي أو فلسفته عند الحركة النسائية هو ما لقيته المرأة من ظلم- حسب إعتقاد الحركة – على امتداد تاريخها الطويل سواء في مجال النقد إذ لم تتح لها الفرصة للتعبير عن أراءها النقدية التي قد تكون مخالفة لوجهة نظر الرجل "34

كما يتعلق أدبها بفكرة الإحساس بالظلم التاريخي للمرأة و ما تقدمه الحركة النسائية من تصور يفصح عن رفضها الجنس بصورته التقليدية أي مفهوم المرأة مصدر المتعة أو الجمال أو الفتنة فذلك في رأي بعض زعيمات الحركة مثل نعومي وولف مؤلفة كتاب أسطورة الجمال "كان من ذرائع خداع الرجل للمرأة واستغلالها على مدى العصور". 35

و تلخص ماري إيجيلتون في كتابها "النقد الأدبي النسائي" الصادر عام 1992،خضوع المرأة ولمدة طويلة للنظريات الأبوية التي يضعها الرجال يثبتون فيها أن المرأة أدنى من الرجل.36

وقد تأثرت الحركة الأدبية في العالم العربي بحركة الأدب النسوي الغربية إلى حد كبير مع إختلاف البيئة والثقافة والمعتقدات ولكن عددا كبيرا من النساء

العربيات انسقن في تيار الحركة النسائية الغربية . وترى أن مصطلح الأدب النسوي نفسه جاء لتهميش المرأة وإبداعها لأنه يفصل بينها وبين الرجل ويكرس الفوارق بينهما ومنهن من ذهبت إلى هجاء المنطقة العربية الموبوءة بالحروب الديكتاتورية والتخلف الإجتماعي وغلبة العقلية الدينية المتخلفة الداعية إلى طمس شخصية المرأة خلف جدران التابوهات والممنوعات والقمع الأسري والفكري والسياسي والديني 37

وكما يصرح به كثير من النقاد فسواء كان المصطلح نسويا أو نسائيا أو أنثويا أو مؤنثا فهو واحد والدلالة مشتركة 38

وأخيرا وليس آخرا يظهر أن النقد النسوي العربي قد ارتبط ارتباطا وثيقا بالنقد النسوي الغربي مشكلا جدلا نقديا عنيفا بين مؤيد ومعارض وحتى رافض لخصوصية هذا النمط النقد الأدبي ضمن الجهود المتواصلة غربيا وعربيا للتقريب بين المفاهيم والرؤى.

## الهوامش والإحالات:

1- سعاد عبد العزيز المانع : النقد الادبي النسوي في الغرب وانعكاساته في النقد العربي المعاصر، المجلة العربية، العدد 32، سنة 1977،ص72

2- راشيا هولي : الوعي والأصالة،نحو تأسيس إستيطيقا نسوية ،مجلة فصول ،العدد 65،خريف 2004،،-شتاء-2005ص:106

3- عبد الرحمن أبو عوف، القراءة في الكتابات الأنثوية، الهيئة المصرية العامة للكتاب،2001،ص 108.

4- حفناوي بعلي، بانوراما النقد النسوي في خطابات الناقدات المصريات،ص 10

5- محمد عناني،المصطلحات الأدبية الحديثة، الشركة المصرية العالمية للنشر ن لونجمان مصر ط3، 203، ص 180.

6-المرجع نفسه،ص18

7-حفناوي بعلي، بانوراما النقد النسوي في خطابات الناقدات المصريات ، ص27

8-محمد عناني ، المصطلحات الأدبية الحديثة، لونجمان القاهرة- 1996،ص 18

9-إدوارد سعيد: الثقافة والإمبريالية،ترجمة كمال أبو ديب، دار الآداب ،بيروت،ط2-1988،ص:25، 53

10-حسين المناصرة ، النسوية في الثقافة والإبداع ،عالم الكتب الحديثة ، الأردن ، ط1، 2008، ص114.8

11-بسام قطوس ،المدخل إلى منهاج النقد المعاصر ،دار الوفاء لدنيا الطباعة والنشر الإسكندرية، مصر،ط2006،1، ص218.

12-حفناوي بعلي، مدخل في نظرية النقد الثقافي المقارن، منات الاختلاف ، الجزائر،ط1، 2007، ص109.

13-صبري حافظ، أفق الخطاب النقدي، دار شوقيات للنشر والتوزيع ،القاهرة،مصر ط13

14-شيرين أبو النجا، نسائي أم نسوي، مكتبة الأسرة ،الهيئة العامة للكتاب، القاهرة،مصر، 1998،ص58.

15- ينظر:مقال:فتحية إبراهيم صرصور،النقد الثقافي والنقد النسوي ،مدونة دنيا الوطن ، غزة —فلسطين -تاريخ النشر:2005-04-06

16-المرجع نفسه

17 – بسام قطوس،المدخل إلى مناهج النقد المعاصر ،ص215.

18-المرجع نفسه،ص182.

19-حسين المناصرة،النسوية في الثقافة والإبداع، ص17

20-مية الرحبي،النسوية مفاهيم وقضايا،ط1، 2014،الرحبة للننشر والتوزيع،14

21-المرجع نفسه،ص14

22-المرجع السابق ،ص14

23-ينظر جوليا كرستيفا،الهوية في الإختلاف،ترجمة:أزراج عمر ،مجلة الكتابة، ع 2ص53

24-ينظر خالدة سعيد، في البدء كان المثنى، دار الساقي ،بيروت ،2009 ،ص186

25-لسان العرب ،ابن منظور ،181/06(نسأ)،ط1،دار صادر،بيروت،1997.

26-شيرين أبو النجا،الهيئة المصرية العامة للكتاب –مكتبة الأسرة،ط1، 2002،ص10

27- رشيدة بن مسعود، المرأة والكتابة،إفريقيا ،الشرق1994،ص10

28-ينظر حفناوي بعلي،مدخل في نظرية النقد النسوي وما بعد النسوية،منشورات الإختلاف،الجزائر،ط2009،1،ص45.

29- سعاد المانع،النقد الأدبي النسوي في الغرب وانعكاساته في النقد العربي المعاصر،المجلة العربية للثقافة ،العدد 32،ص83

30- عبد الله الغذامي،المرأة واللغة ،المركز الثقافي العربي،ط3،ص8

31- روجيه غارودي،في سبيل ارتقاء المرأة، ينظر مقال للكاتب جلال مطرجي،مجلة الآداب،مايو ،1981

32-ميجان الرويلي وسعد البازعي،دليل الناقد الأدبي،المركز الثقافي العربي،ط2000،2،ص224

33-ينظر حفناوي بعلي،بانوراما النقد النسوي، ص13

34-حفناوي بعلي:الخطاب النسوي في الأدب الموازي..إبداع المرأة الوعي الجديد،مجلة تايكي،تعنى بالأدب النسوي،الأردن، العدد 2004،18،ص42

35- ينظر مقال :خرافات الجمال:نموذج للكاتبات النسوية،سمير الشناوي، 28 يونيو 2018

36- ينظر ماري إنجيلتون،النظرية الأدبية النسوية،ترجمة عدنان حسن — رنا باشور،دار الحوار للنشر والتوزيع ،ط1،ص 23

37- ينظر حفناوي بعلي،بانوراما النقد النسوي ،ص20

38-محمد عناني: المصطلحات الأدبية الحديثة،لونجمان-1996،ص18

Ref.: https://allugah.com/

\*\*\*

# ما زال الجدل مستمرًا: الأدب النسوي.. تمييز أم إبداع له خصوصية؟

## مروة حافظ

ظهر مصطلح الأدب النسوي في سبعينيات القرن التاسع عشر في فرنسا، وأصبح محل تداول داخل الساحة الثقافية، وإن كان المصطلح أو هذا النوع من الأدب الهدف منه وما زال هو كشف عورات المجتمع الأبوي ورفع اللثام عن قضايا المرأة المسكوت عنها تحت مظلة الأعراف والتقاليد، فإن قطاعًا من الأدباء والمثقفين يربطون بينه وبين ما تكتبه النساء بغض النظر عن الموضوعات المتناولة.

**شيرين أبو النجا:** الأدب النسوي يحمل فكرًا ورؤية بغض النظر عن جنس صاحبه

**ريم بسيوني:** لا ينبغي تصنيف الأدب لأنه يتناول النفس الإنسانية بشكل عام

**ضحى عاصي:** الكتابة النسائية دائمًا ما توضع في مرتبة أدنى من كتابات الرجال

ما اتُّفق عليه بعد جدل طويل في الغرب أن الأدب النسوي يستند إلى مبادئ الحركة النسوية، ويشير إلى أي عمل أدبي يركز على كفاح المرأة من أجل المساواة ويأنسن المرأة بدلًا من صياغتها في صورة نمطية ونظرة تشيئية، والأهم ألا يكون قاصرًا في كتابته على النساء وإنما يشارك في إنتاجه الرجال ممن تجاوزوا النظرة التقليدية للمرأة في الأدب.

وبحسب ما جاء في كتابي «نظرية الأدب النسوي» لماري إيجلتون و«دفاعًا عن تاريخ الأدب النسوي» لجانيت تود، فإن النص النسوي هو التعبير عن التجربة الخاصة التي تعكس حقيقة واقع المرأة، دون تقيد بالمفاهيم المجتمعية التقليدية والمعايير الذكورية.

الأصل في التسمية هو Feminist literature وبالترجمة يصبح الأدب النسوي، إلا أنه في العربية لم يقتصر على تسمية واحدة، فتعددت التسميات ما بين أدب المرأة والأدب النسائي والأدب الأنثوي إلى جانب الأدب النسوي، وهذه التعددية فرضت جدلًا مضاعفًا.

وفي هذا الصدد تقول الكاتبة والروائية ضحى عاصي إن الكتابة النسائية بشكل عام سواء كانت نسوية أو غير ذلك تُصنّف في مرتبة أدنى من تلك التي توضع فيها كتابات الرجال، وذلك حتى وقت قريب في أوروبا وما زال الشيء نفسه يحدث حتى الآن في روسيا فتوصف كتابات النساء بأنها أدب «الأظافر الطويلة وأدب دون المستوى».

وتتابع عاصي في تصريحات لـ«ولها وجوه أخرى» مؤكدةً أن كتابات النساء بشكل عام لا يمكن وضعها في تصنيف واحد، لاختلاف عوالم النساء وتجاربهن فمنهن من استمد موضوعاته من عوالم خاصة بالنساء وأخريات اتخذن منحى مختلف تمامًا شبيه أو قريب من عوالم الرجال مثل أدب السجون والمعتقلات وغيره.

«الكاتبة في بلد ما ولتكن السعودية أو إيران – حيث سقف الحريات منخفض- تختلف كتاباتها وتجاربها عن ما تكتبه امراة تعيش في بلد أوروبي أو بلد أكثر انفتاحًا» تقول عاصي.

عادةً ما يعرّف أدب المرأة بأنه ما تكتبه النساء أي أن كان فحواه والأدب النسائي هو ما يكتبنه عن أي أمر يتعلق بالنساء عمومًا، وبالتالي فالكفة ترجح

إطلاق مصطلح الأدب النسوي على الأدب الذي تكتبه النساء عن القضايا النسوية، وهو ما يتفق مع ما جاء في كتاب الدكتورة شيرين أبو النجا «نسوي أم نسائي».

ومن جانبها تقول الناقدة والروائية الدكتورة شيرين أبو النجا في تصريحات لـ«ولها وجوه أخرى»، إن هناك خلط بين مصطلحي نسوي ونسائي، فضلًا عن شيوع اعتقاد بأنهما نفس الشيء، وتصنف أبو النجا الأدب النسائي باعتباره العمل الذي يُنسَب لامرأة بالمعنى البيولوجي للكلمة ولا يعبّر عن فكر.

وتضيف «ليس كل ما تكتبه امرأة يعتبر أدبًا نسويًا، فالأدب النسوي هو الذي يحمل فكرًا ورؤية بغض النظر عن جنس صاحبه، خاصة أن ثمة رجال يحملون الفكر النسوي.»

وتردف أبو النجا قائلة إن رفض النقاد لمصطلح الأدب النسوي قديم وقائم منذ تسعينيات القرن الماضي، ويرجع رفض النقاد لهذا التصنيف لقولهم بأن الأدب هو الأدب، وإذا كان هناك أدب نسوي فلماذا لا يوجد أدب رجولي وذكوري؟

وبحسب أبو النجا فإن الجدل حول الأدب النسوي لم يتقدم خطوة للأمام منذ القرن الماضي وهو ما يكشف وجود إشكالية، خاصةً في ظل رفض النقاد للأدب الذي يحمل فكرًا بعينه وتحديدًا الفكر النسوي، وهذا يعني وجود مشكلة في قبول هذا الفكر.

من ناحية أخرى، فقد تباين موقف الأديبات والكاتبات العربيات تجاه التصنيف في حد ذاته، ومنهن من اتخذ موقف الرفض التام باعتباره تمييزًا يرمي إلى التقليل من قيمة الإبداع الذي تنتجه المرأة لأنه يرتبط بخصائص فسيولوجية لا علاقة لها بالأدب والإبداع، ومنهن من لم يرفض استخدام المصطلح ورأى فيه وسيلة للتعريف بالإبداع والأدب الذي يتحدث عن واقع المرأة ومشكلاتها

التي يمكن حلها من خلال بناء وعي مجتمعي باستخدام الأدب، وهناك من يؤيد المصطلح تمامًا بوصفه أحد الوسائل التي ساهمت في تحرير المرأة الغربية من التقاليد والقيود المجتمعية التي أعاقتها لقرون. وصاحبات وجهة النظر هذه لديهن قناعة بأن الأدب يعيد تشكيل وعي المرأة تجاه قضاياها.

أما الكاتبة الروائية الدكتورة ريم بسيوني أستاذ اللغويات بالجامعة الأمريكية بالقاهرة، فلا تميل كثيرًا إلى تصنيف الأدب النسوي، وتعتقد أن الأدب من المفترض أن يتناول ويهتم بالنفس البشرية بشكل عام.

وعن الكاتبات اللاتي يرفضن تصنيفهن ككاتبات نسويات، ترجع الروائية شيرين أبو النجا ذلك إلى اعتقادهن بأن هذا التنصيف يؤدي إلى انغلاق ومحدودية في الانتشار وقراءة الأعمال وهو ما يتعارض مع تطلعاتهن إلى أن يكن جزءًا من المشهد الأدبي الكبير، وتضيف «لذلك فما ينبغي التأكيد عليه هو أن الأدب النسوي جزء من المشهد الأدبي الكبير، والكاتبات غير مطالبات بتقديم أنفسهن ككاتبات نسويات وإنما يأتي هذا التصنيف في مرحلة لاحقة وهي المتعلقة بالقراءة والنقد، حيث تتولد توجهات نقدية واتجاهات للقراءة.».

على مدار عقود عضد تسمية الأدب الذي تكتبه النساء بالأدب النسوي، اعتقاد لدى البعض في وجود فروق واضحة بين الأدب الذي تكتبه المرأة والأدب الذي يكتبه الرجل، لا سيما من الناحية الفنية في إشارة إلى أن المرأة أقدر في التعبير عن قضاياها من الرجل، مهما بلغت قدرة الرجل على فهم المرأة وخصوصياتها.

وفي هذا الصدد تقول ريم بسيوني إننا لا ينبغي أن ننظر إلى قضايا المرأة بشكل منفصل عن مشكلات المجتمع، مستشهدةً بالكاتبة والروائية الفلسطينية سحر خليفة التي تتخذ من الاحتلال والمعاناة التي يعيشها الشعب الفلسطيني منطلقًا لكتاباتها الأدبية.

ومع ذلك فإن بسيوني تعتقد في أن النساء لا يحصلن على حقوقهن في مجال الكتابة الإبداعية، لافتةً إلى أن كثيرًا من الأصوات النسائية تتعرض للتجاهل من قبل النقاد ولا تُقرَأ أعمالهن فقط لأنهن إناث.

وبحسب بسيوني فإن الأدباء الرجال بينهم من تمكن من التعبير عن قضايا المرأة بشكل جيد ومن أبرزهم الكاتب والروائي إحسان عبد القدوس.

مسألة قصر التعبير عن قضايا النساء من خلال الأدب على الكاتبات فقط، ترفضه الكاتبة والروائية شيرين أبو النجا، مثلما ترفض أن يقتصر تناول قضايا أصحاب البشرة السوداء عليهم وحدهم أو أن يختص المسيحيون بالحديث والكتابة عن مشكلاتهم، وترى في هذا الأمر تهميشًا بينما الهدف من طرح القضايا هو الوصول إلى الحد الأدنى من العدالة والمفترض والمتوقع أن ينشغل المجتمع بأكمله بمشكلات النساء أو الأقباط أو غيرهم لأنهم جزء من هذا المجتمع.

وعن الحركة النسوية وتأثيرها على الحركة الأدبية، تقول الكاتبة ريم بسيوني إن الجهد الذي تبذله المناضلات في مجال الدفاع عن حقوق المرأة له تأثير على المجتمع أقوى منه على الأدب بالإشارة إلى معدلات القراءة المنخفضة في مصر.

بينما تعتقد أبو النجا أن تأثر الأدب بجهود الحركة النسوية يتضح معالمه في طرح مزيد من الأفكار وهو ما يعطي نوعًا من التشجيع والمساندة، وكذلك الحماية بالمعنى المجازي حيث تستند الكاتبات إلى مرجعية ما.

تظل اتهامات النقاد للأدب النسوي ثابتة منذ التسعينيات، وأبرزها الاتهام بالجمود وذاتية الطرح، وفي هذا الصدد تقول أبو النجا، إن الأمر ببساطة يتطلب النظر إلى الأدب ككل وحينها سيتضح أن الكتاب والكاتبات الذين يتمتعون بنفس الخبرة ينطلقون من نفس الأرضية، وإذا اتفقنا أن هناك محدودية سنجد أن الطرفين عالمهما محدود، مرجعة ذلك إلى محدودية كل من المجتمع

وحرية الرأي والتعبير وقبول القراء وتفهم النقاد لما يُكتَب.

وتشدد أبو النجا على رفضها لوصف كتابات النساء بـ«الذاتية» وتقول «هذا كلام مرسل تتوارثه الأجيال دون أي سند علمي أو منهجي، فلماذا لا توصف كتابات الرجال الإبداعية أيضًا بأنها ذاتية الطرح، ولماذا يعتقد البعض أن الرجل لديه القدرة على التخيل بينما ينكرون هذه القدرة على المرأة؟»

في السياق ذاته، ترفض الكاتبة ريم بسيوني ما يشيعه البعض عن أن ما تكتبه المرأة لا يزيد عن كونه مساحة للبوح والفضفضة، وتقول إن كثيرًا من النساء يعالجن موضوعات وقضايا كثيرة بعيدًا عن الفضفضة والسير الذاتية، مشددة على أن هذا الطرح يدخل في سياق تنميط المرأة.

وبحسب كثيرين، فإن رضوى عاشور ونوال السعداوي وأهداف سويف وفاطمة مرنيسي ومن قبلهن عائشة التيمورية ومي زيادة من أبرز الأسماء المدرجة في خانة الأديبات النسويات، بينما يتكرر ذكر كل من غادة السمان وأحلام المستغماني باعتبارهما رموز للأدب النسائي في العالم العربي.

وترى أبو النجا التي تشغل حاليًا منصب عضو لجنة التحكيم لجائزة نجيب محفوظ التي ينظمها قسم النشر بالجامعة الأمريكية، أن الأقلام النسوية في دول المغرب العربي ولبنان تزداد وهجًا في الفترة الأخيرة، وتعلل ذلك بأن الكاتبات في هذه الدول يطورن من أنفسهن ونصوصهن بشكل جدي بالإضافة إلى توافر الرؤية لديهن وكذلك الوعي بالإشكاليات الملحة والخطاب الذي يجب طرحه، وهذه الشروط هي التي ينبغي توافرها لدى الكتاب الحقيقيين على حد تعبيرها.

وتشيد أبو النجا بالكاتبات اللاتي أفرزتهن الأحداث التي شهدتها سوريا منذ العام 2011، وكذلك الكاتبات في الجزائر والعراق.

وعن مصر تقول «هناك أقلام نسائية جيدة ولكن الإشكالية في وجود إنتاج أدبي يومي ضخم لا يوجد له مثيل في أي بلد عربي آخر، وبالتالي يختلط

الغث بالسمين ويصعب على القراء متابعة كل هذا الإنتاج الضخم، فلابد أن يؤخذ الأمر بشكل جدي وبقليل من القسوة لأن نساء العالم الثالث بشكل عام ونساء العالم العربي بشكل خاص لا يمتلكن رفاهية الخطأ.»

Ref.: https://wlahawogohokhra.com/8056/

\*\*\*

# الكِتابة.. للنساء فقط!

## محمد الخشاب

في ظل الانفتاح الذي شهدته الثقافة العربية خلال القرن الماضي، نبتت بذور مُصطلح "الأدب النسوي" قادمة من الغرب، كغلافٍ يتوج الأعمال التي تستهدف قضايا المرأة المختلفة، لكنْ مع تقدم الأيام، بات المصطلح تعبيرًا عمّا تقدمه الكاتبات أنفسهن في عالم الأدب من شعر ونثر. ووسط الصخب الكبير الذي أُثير حوله، فقد أيدته الكثيرات والكثيرون ورفضه الأكثر. فما موقع المرأة من الإعراب في الأدب؟ وهل اختلفت الحالة عن ذي قبل إلى الأفضل أم إلى الأسوأ؟ وهل الكاتبات اللاتي نراهن اليوم على علمٍ بتاريخ سابقاتهن ومواقفهن العظيمة من الأدب واللُّغة ليأخذن بها؟ أم هُن في غفلة عن ذلك؟

### بذرة الأدب النسوي

بدأت أهمية الأدب النسوي في الظهور خلال الربع الأخير من القرن التاسع عشر، وقد وصل إلى قمته في ستينيات وسبعينيات القرن العشرين، حتى كانت أول مجلة باللغة العربية، والتي أسستها الكاتبة هند نوفل تحت اسم "مجلة الفتاة"، وهي السنة نفسها التي تأسست فيها مجلة "الهلال"، وتلت ذلك وردة اليازجية، الكاتبة اللبنانية التي تزامن وجودها مع عائشة التيمورية المصرية، اللتين قدمتا إسهاماتٍ كبيرة في مجال الصحافة وكتابة القصة، وغيرهن كتبن، بأسماء مُستعارة، ومثلن كتلة كبيرة في واقع الأدب وذهن القارئ. غير أنه مع تزايد المرأة حملًا على الكتابة، فاضت أمامنا مؤلفاتٌ كثيرة تدور كلها في فُلك واحد، فلك

صراع المرأة والمجتمع.

## المرأة والقلم والمعاناة

عندما تمسك المرأة القلم، فإن أول شيء تتحسسه في فكرها هو معاناتها المجردة -حتى وإن لم تُوجد- التي رسخها دُعاة التحرير الواهم، ومن يُنادون بأصوات واهية، غير ثابتة، فتحاولُ بدايةً شق طريقها في رحلتها نحو الحرية المغلوطة بالقلم، ولذلك فإن أكثر الكتابات النسائية كانت تسير دائمًا في دائرة مُغلقة، دائرة شعور المرأة وعلاقتها بالرجل، أو المجتمع، أو موقفها كأمٍ، أو كزوجة، لا تبيانًا وترسيخًا للمكانة العظيمة، وإنما تمردا على الحياة.

لست ضد أيٍ من هذا، ولكنّ حقيقة المشكلة في غفلة الكاتبات عن القضايا الأخرى، كالتعليم. إن توجيه الكتابة النسوية في مسار واحد -مسار الشكوى والتظلم- أدى إلى جمود موضوعي في هذا النوع من الأدب فترة طويلة، نتج عنه تكرار المحتوى، وإعادة الأفكار نفسها، فقط يتغير اسم الكاتبة ولون الغلاف.

## المرأة والقلم والتأثير

ظل هذا الشكل الموَحد مسيطرًا على معظم ما يُسمى "الأدب النسوي"، إلى أن تبدل الوضع وظهرت كاتبات يجدن الاحترافية في طرح قضايا المرأة المعاصرة، فعبّرن عن القاصرات والمحرومات من التعليم والمعذبات في دروب الحياة، أقصاها قبل أدناها، وعلى رأس هؤلاء كانت بنت الشاطئ -عائشة عبد الرحمن- التي واجهت ظروف العالم القهرية التي تقابل المرأة، فلمعت وتألقت في سماء الكتابة والأدب وبرزت كتاباتها الفكرية، والنقدية، وهي التي تبعت الأديبة الكاتبة مي زيادة، فراشة الأدب الأولى، التي اقتحمت المجال الأدبي بذكائها ونبوغها الفكري وأسلوبها العالي ورؤيتها المؤثرة، وأيضًا إسهامات رضوى عاشور وغادة السمان. بذلك يكون التاريخ قد سطر عصرًا لامعًا في

حياة الكاتبات، وتناولهن للقضايا المتنوعة، الفكرية والنقدية، والدينية، فماذا عن وضع الكاتبات الحالي؟ وهل حافظن على هذا التقدم؟

## كاتبات اليوم

أثبتنا سابقًا أن هذا العصر الأدبي، يُعدّ أكثر عصور الأدب هبوطًا، ولا تُستثنى من ذلك الكتابات النسائية، فإن كانت عِلة الكاتبات الأُوليات إسرافهن في توصيف المعاناة وتضخيها، فإن علة هؤلاء إضاقة إلى ذلك أكبر؛ فمُعْظم اللاتي يكتبن اليوم لا يقدمن إلا الحكايات الرومانسية، التي دائمًا ما تُغلف بإطار الشاب الوسيم والفتاة الجميلة، واللذين يواجهان العالم بحبهما في صورة انفتاحية غربية. والأشد من ذلك ظهور كاتباتٍ يُغلفن هذه الرومانسية في إطار إسلامي، روائي جديد، أيّ عبثٍ هذا! غير أنّ الكثيرات الآن يكتبن في سياق الحركة النسوية الجديدة "فيمينست"، والتي دائمًا ما تُغلف عملها بفكرة التحرر، غير المبررة، والأهم أن هناك قيودا وهن يحاولن التحرر منها، حتى وإن كانت هذه القيود تتعلق بحيرتهن إزاء اختيار لون طلاء الأظافر!

## ضد الأدب النسوي

إن قولبة الكتابات العربية في إطارات معينة، تبعًا للجنس أو البلد، يعد تمزيقًا صريحًا لكيان الأدب العربي، الذي ما قام إلا ليوحد الصف وينير الأمة ويجمعها في إطار واحد هو إطار اللُّغة والهُوية. ثم إن فكرة التصنيف باطلة، فالأدب -شعراً ونثرا- هو تعبير عن فكر أو قضية أو طرح لمشكلة؛ استجلابًا للحل. نعم، هناك حركة للمرأة في الأدب تقاس بالإضافة والتأثير، كما لكل لون أدبي وجود، لكن هذا لا يستدعي قولبة الأمر، وإلا أصبح هناك أدب الرجل وأدب الشاب وتصنيفات لا تنتهي.

## دوافع المرأة للكتابة

إن الكتابة صورة صاحبها، من هنا كانت رغبة المرأة في الكتابة، للتعبير

عن نفسها، بعد حرمان دام فترة طويلة، ومنعٍ من التعلم والظهور في الحياة، فتكتب المرأة لتناقش قضية التعليم، وتحاور عن وجودها في المجتمع. كما أن كتابات المرأة انعكاس لتغير حالها إلى الأفضل. فلا شك في أن الكتابة ناتج عملية دراسة، اطلاع وقراءة وفهم. وربما تكون كتابات المرأة الكثيرة ثأرًا لماض هي عاشته في الظلام قهرًا، أو أن المرأة تكتب لرغبتها في أن يفهمها العالم، أن تكون مقروءة، مسموعة، لها رؤيتها ورأيها.

## المرأة وجبهة الكتابة

تعيش المرأة حياتها في صراع مع جبهات كثيرة، فإن كانت تقاتل على جبهة الكتابة، فهي أيضًا لا تتوقف عن الدفاع عن الجبهات الأخرى، فهي زوجة، وأم، ومطالبة بأعمالٍ كثيرة. تقول رضوى عاشور -في لقاء مُتلفز- وهي كاتبة حُفر اسمها في تاريخ الأدب العربي بما قدمته من فنٍ رائع:

"نحن الكاتبات نركض، نركض باستمرار تحت ضغط لانهائي ونحارب في كثير من الزوايا، فنحن الأمهات، ونحن الزوجات، كأن الكاتبة في حاجة دائمًا إلى أن تسرق وقتًا". قد يكون هذا مُهلكًا بمجهوده العالي، وإلا فإنه يُعد إضافة لخبرات الكاتبة، وامتلاكها مشاعر متنوعة، وتعاملها مع شخصيات أكثر تُعينها على الكتابة.

## المرأة والإعجاب

نتيجة لبعد المرأة الملحوظ تاريخيًا عن عالم الكتابة وهيمنة الرجال عليه، ظهرت حالة تمدح كتابات المرأة، حتى الضعيفة منها، التي لا تتماشى مع الموروث الأدبي، بدعوى أننا في حاجة إلى تمكين المرأة من الكتابة. كما أن الإعجاب بكتابات المرأة لم يعُد متوقفًا على ما تقدمه من نتاج نافع، وإنما أصبح ذلك بابًا للدخول إلى قلب المرأة والإعجاب بها، كما هي الحال اليوم على مواقع التواصل، تجد فتياتٍ يكتبن بلا لُغة ولا بلاغة ولا أسلوب، ويتبعهن

الكثير، فقط لأنهن نساء.

## الكتابة للنساء فقط

بعدما بات هذا وضع كاتبات كثيرات اليوم في جمع القُرّاء، هل ستحل بالأدب العربي حقبة جديدة تكون ملكة الكتابة فيها للمرأة فقط ويندثر وجود الرجل لفترة زمنية، أسوة بالماضي؟ وإن حدث ذلك فهل ستكون للمرأة القدرة على الكتابة في القضايا الأخرى، كالفلسفة والفيزياء والتاريخ، أم أنها ستكتفي بالتعبير عن حريتها وحقها وتوصيف شعورها المعتاد؟

Ref.: https://www.aljazeera.net/blogs/2018/

***

# مصطلح الأدب النسوي ملتبس والكتابة لا تخضع لجنس كاتبها

## القدس العربي

«الكتابة تشبيه الإنتاج» هكذا قال أديب وهو يعرفها، وهي تحتاج إلى عوامل أولية لكي تكتمل صورة الإبداع لأي نصّ أدبي، ولهذا فان لا فواصل ولا حدود في الأدب بين عناصره وكتابه، لأن اللغة هي المعيار الأكبر لتحديد الإبداع من عدمه، ولأنه أي الأدب هو روح الحياة. إلا ان الواقع النقدي فرض العديد من المصطلحات التي أريد منها أن تكون طريقة لتفكيك عناصر الأدب وتقريبها إلى المتلقي سواء منها ما كان تجييلا أو تأريخا أو جنسا، لذلك دأب النقاد على تصنيف الأدب بحسب المدارس التي يؤمنون بها أو التي تمكنهم من ولوج النصوص الأدبية بكل عناوينها، ومن هذه التصنيفات ما أطلق عليه الأدب النسوي، ولهذا يتبادر السؤال، هل اللغة التي تكتب فيها المرأة تختلف عن التي يكتب فيها الرجل، وهل هناك أدب رجولي أو رجالي لكي يتم فيها عزل أو اختصار التسمية، وهل هناك أدب نسوي أصلا، وإذا ما كان هناك مثل هذا التوجه ما هي ملامحه؟ هذا السؤال طرحناه على الأديبات العربيات.

### التابو الرابع

الروائية العراقية رغد السهيل تشير إلى وجود إشكالية أو التباس في مصطلح الأدب النسوي، من وجهة نظرها الشخصية هو ليس ما تكتبه المرأة.

وتوضح انه لا يمكن تقسيم الأدب على جنس الكاتب إنما هو الأدب الذي يحمل الرؤية والفلسفة النسوية لكل مناحي الحياة. فالفلسفة النسوية تصب في السياسة والتعليم والاقتصاد والصحة والأدب والفن لتحمل رؤية وتوجهات وأفكار النساء في هذه المضامين لهدف رفع المرأة واخراجها من حالة الضعف ودفعها للمشاركة بالبناء والعمل وتشجيعها لتكوين رؤيتها المستقلة عن الأفكار الذكورية. وتشير إلى ان هناك الكثير من الكاتبات تندرج كتاباتهن ضمن أفكار ورؤية ذكوريّة، فلا يمكن إذن ضمّها للأدب النسوي. وتتحدث عن تجربتها فتقول، لقد وجدت أن من تُمارس الكتابة بهذا الأدب ستواجه التابو الرابع وهو رأي الآخر أو الثقافة السائدة في المجتمع وهي الثقافة الذكورية التي لا تتقبل دائما أفكارا مختلفة قد تحملها الكاتبات. كما ان هذا الأدب يستطيع الكتابة به الرجل أيضا ما دام يَصْب بنفس الغاية والهدف. فقاسم أمين غالبية كتاباته ان لم تكن جميعها تندرج ضمن الأدب النسوي. وتضيف ان فرجينيا وولف كانت تقاوم التابو الرابع فتصور انها ترمي الملاك الحارس بالمحبرة وتقصد به الوعي الذاتي الذي يطلب تغيير عبارة أو فكرة مجاملة للآخر. وتؤكد من جديد نحن النساء نتربى في مجتمعات تفرض علينا الخضوع للرأي السائد وتظل الخشية والحذر أثناء كتاباتنا ترافقنا.

## قاموس اللغة

الشاعرة العراقية غرام الربيعي تقول إن اللغة هي قاموس واحد لكل بني آدم، وتعابيرها تتبع كيفية استخدامها وتبعا لمشاعرهم التي تعكس أجواءها تلك التعابير، وحتما يتغير حيز تأثيرها لو استخدمها رجل عن امرأة ، لان الاختلاف وارد في كثير من البنى لشخص وذات كل من المرأة والرجل، ناهيك عن الفروق الجسدية والنفسية التي تتبعها فروق نفسية وفكرية تبنى عليها ردود الأفعال تجاه الأفعال والأقوال، وبالتالي على المنتج الفكري وما يحيط به من

ظروف بيئية وإنسانية كاملة لا تنفصل عن ماهية الشكل المنتج. وتضيف، ان الكتابة ناتج فكري إنساني يتأثر بمكنونات كثيرة لابد من توقع الاختلاف فيها، أما المصطلحات التي أطلقها النقاد على تجنيس الكتابة فلم أعد أراها واضحة ومحددة ان كانت فقط لبيان جنس الكاتب للتعريف أو التفريق، ومنها ما جعل التصنيف هو إدراج الكتابة النسوية في المراتب الأدنى تصنيفا لتناولها بدونية في المقياس الإبداعي حتى الثناء عند النقد في النصوص النسوية كأنها في ميزان الكتابة الرجالية أو الذكورية على انها المعيار للنقد متناسين غياب المعايير الحقيقية لهذا التباين الذي أولدته الظروف الطبيعية وغير الطبيعية للمجتمعات.

وترى الربيعي انه لم يعط النقاد الملامح الواضحة بعد عن فكرة التجنيس الكتابي وسببه باعتباره خطوات تمييز أو تميز، مقارنة أو مفارقة، مدح أو ذم. وتضيف انه لا بأس من تسمية النصوص عند الضرورة الإعلانية والتأشير ولكن ليس على حساب المقياس والتميز لأنه سيكون تمييزا غير عادل وغير مبرر. وإلا فان اللغة واحدة والمعاني والدلالات غير مختلف عنها والوقائع الثابتة لا تتغير إلا بفعل الانزياحات الإبداعية وحبكتها حداثويا لتفاعل الكاتب معها وتلك مقاييس الإبداع لكلا الجنسين عند تشكلات الخطاب الفكري والإنساني لهما وان تكون التقييمات لبحث الأفكار وطرق صياغته لا على أساس أجناسها المنتجة لها مع أخذ الاعتبار للطبيعيات الواردة والسرياليات الممكنة في أي نتاج. التصنيف وارد لبعض الضرورات أراها بدون أي تحجيم للنص أو كاتبه لان ذلك تحدده ملامح الإبداع للنص عند غياب أو موت المؤلف.

## فقاعة صابون

الشاعرة اللبنانية فاطمة منصور، تنتقد التوصيف وتعتبره كلاسيكيا وتقليديا حين يتناول بحث موضوع الأدب النسوي فانه يستهل بتعريف الأدب أولا ثم ينطلق إلى تقديم الأدب النسوي من خلال عبارات حداثوية لا تختلف

عن الكلمات الكلاسيكية التي يحتويها متن التعريف بالأدب عامة. وتضيف انها ستتجاوز الإجابة لتعرج على مفهوم عام مفاده ان الأدب سواء كان نسويا أو ذكوريا محصلة لتطور فكري وغنى إنساني في بيئة ملائمة. وتذهب إلى التاريخ فتقول، أن الأدب كان أحد أبرز عوامل الثورة ومشعل فتائلها يفعّل الثورة وفق رؤيا بالتطور والتغيير لكن ان يكون صدى لهياج جماهيري ملتبس، فهذا أمر يفقد الأدب بعض قيمته. وتربطه بالواقع وتقول هذا هو حال أدبنا العربي في المرحلة الراهنة نسويا أو ذكوريا. فالأدب الرؤيوي انكفأ في ظل هيمنة ثقافات ظلامية باتت طاغية فتوهمنا بأننا نعيش ربيعا عربيا وننتظر زهوره كي تتفتح فيما الجفاف الفكري والأوهام تتحكم بالساحة العربية. تمضي منصور بقولها، في الحديث عن أدب نسوي أو ذكوري في الحالة العربية الراهنة لن نقع إلا على فقاقيع صابون تتلاشى ما أن تلامسها شمس الفن لان ما يعتبر ربيعا عربيا ليس إلا كذبة واهية لا يمكن للأدب أن يتقبل مرها. لكنها تستدرك بحديثها عن الأدب النسوي كقيمة مضافة من خلال إنجازات موثقة لأديبات لامعات تركن بصماتهن في أحداث ثورة أنثوية ساهمت في فضح الجوانب المجتمعية الضيقة والسيئة مما جعلها ثورة ريادية على مستوى الحركة الأدبية والاجتماعية.

وتلفت الانتباه إلى ان إذا كنا بصدد الحديث عن أدب نسوي بعد ما يسمى بالربيع العربي فطبيعي ألا نقع على غير ما هو غزل يتخطى حدود الحشمة أحيانا أو أدب مشوه بفعل تشوه الذوق الأدبي حيث نلاحظ احباطا لدى صاحبات المواهب المطوقات اليوم بثقافة ظلامية.

## سؤال الانكسار

الشاعرة السورية وفاء دلا تعتقد انه لا يوجد أدب نسوي وأدب رجالي وهذا كلام بعيد كل البعد عن الإبداع. وتضيف ان الشعر شعر والإبداع الحقيقي هو من سيحدد هوية من كتبه سواء شاعرة أم شاعر، بل وتؤكد أن

النص هو أنا وهذا ينطبق على المبدع عموماً سواء امرأة أو رجل وعن تجربتها تقول انه يمثلها «أنا (وفاء)» ذلك إذا اتفقنا على أنَّ أي عمل ابداعي يأتي من تجربة. فلغة المبدع مهما وَصَلَ بها إلى مساحات الخصوصية، أسلوبية كانت أم معجمية، يبقى حضورها التاريخي الموروث والمتجدِّد أكبر من خصوصية لُغة المبدِع. وتشير إلى ان الأهم من هذا وذاك أن الشعر لا يطيق ولا يتقبل التكرار، يريد دائما التجديد والانقلاب على السّائد لغة وإبداعا ورؤية إنَّه انقلاب على اللُّغة ونماذجها المسطورة وعلى الإيقاع وأنماطه المتوارَثة وأيضا على المعاني وخريطتها الثَّابتة المتحجرة التي كانت تكتب في القصيدة القديمة، وهو انقلاب على المكان والزّمان معانقةً للمنطق والسَّرمد. وتمضي دلا فتقول إن النشاط النقدي في مختلف مدارِسه يهدف إلى توسيع الدائرة التي يلتقي فيها وَعْي النص بوعي المتَلقي وهنا تتوضح فكرة عدم أهمية التسمية حسب الجنس، فالنص الشعري يبتلينا أم نحن الذين نبتلي القصيدة.

## السائد الاجتماعي

وتحدد الكاتبة والصحافية المصرية سماح عادل، الفرق بين كتابات النساء والرجال ليس في اللغة وإنما في الرؤية والتناول، فالكاتب له رؤيته تجاه العالم، وتناوله لموضوعات تخص حياته المفعمة بالنشاط والتي ترتبط بشكل كبير بالعالم في الخارج أقصد خارج البيت وبتحقيقه لنجاحات أو ربما معاناته من إخفاقات. وتضيف انه يهتم بالحروب والصراعات التي أشعلها الذكور بالأساس في حين أن النساء يتناولن موضوعات تخصهن، ترتبط بالبيت المسجونات فيه وبالجسد المسجونات أيضا داخل إطاره. وتنوه إلى ان بعض النقاد قد يتهم كتابات النساء بأنها تدور حول الجسد دون أن يعوا أن المرأة حبست داخل جسدها منذ قرون بعيدة. وتعتقد بوجود أدب رجالي وتفسر ذلك لان السائد هو كتابات الرجال فقد تعامل معها النقاد والمتخصصون باعتبارها النموذج الأمثل

للكتابة أو بالأحرى الوحيد وهمشوا كتابات النساء وتجاهلوها تماما في دراساتهم وتأريخهم للأدب. وفي رأي الكاتبة عادل، ان أبرز ملامح الأدب الرجالي أنه يدور حول عالم الرجل الذي ينظر للمرأة نظرة دونية ويعتبرها موضوعا للحب أو للجنس أو حتى يحب تصويرها في صورة الوطن ذلك العالم الذي يمتلئ بكل ما يهتم به الرجال ويتوقون إليه. وتستدرك عن رأيها بوجود أدب نسوي فتقول نعم موجود لكنه ظهر في الغرب اعتمادا على حركة نسوية قوية اكتسبت كثيرا من الحقوق بالنضال على الأرض. هذا الأدب له قواعده وأصوله ويعتمد على نشر الوعي بقضايا النساء ورصد اللامساواة الاجتماعية التي تعاني منها، كما يقدم نماذج لبطلات من النساء، ورؤيتهن للعالم ولأنفسهن في ظل التفاوت الاجتماعي الذي يرزحن تحت وطأته. وعن الوطن العربي تقول، ان أهم ملامح كتابات العربيات التمرد على التفاوت الاجتماعي ورفض الظلم الواقع عليهن ورصد إحساسهن بالعالم الخارجي وتصوير الانعكاسات النفسية التي تنتج عن ما يفعله المجتمع بهن والتي قد يصفها بعض النقاد بشكل سلبي، مصورين أن النساء اللاتي لا يهتممن بالقضايا الكبرى لا يمكن اعتبارهن كاتبات أدب قيم.

## الدلالة على المرأة

الشاعرة التونسية آمال رجب المناعي، تختلف في رأيها، وتعتقد أن اللغة هي المدى الذي يتحرك فيه الإنسان في تمظهرات ذهنية من خلال الحروف والكلمات. وتضيف ان اللغة لا حدود لها في معناها ومضمونها فهي تحمل مشاعر وأفكارا تتأتى من معاناة الذات الكاتبة "المرأة".

قد تختلف الكتابة من كاتب إلى آخر وهو ما يجعل القارئ ينساق مع كتابة دون أخرى. وتشير المناعي انه لعل الشيء "المخفي" الذي يشد إلى المكتوب وهو ما نقول عنه كتابة نابعة من الأعماق أو تحاكي الواقع أو تتجاوز إلى فكرة وإلى حلم وهو حال الكتابة النسوية التي تكشف "الأنثى كاتب"

التي تختزل واقعا في العادة "ذكوريا" تنقله هي بمحبة ومعاناة إلى أفكار ترسمها بالحروف وباللغة التي تتغير من بلاد إلى أخرى ولكن تحمل فكرة وحلما تتشارك فيه العديد من النساء في العالم. وترى إن "فعل الكتابة" هو في الحقيقة "تحد" للواقع في العادة يكبل المرأة التي اختزل دورها في أعمال منزلية وتربية الأطفال وخدمة الرجال. وترى أيضا ان فعل الكتابة هو إرادة الحياة وإثبات "الذات المفكرة" الواقعية إلى ذات حالمة ومبدعة وليست تلك المرأة التي تُرد إلى "وضعية دونية" تجعلها تابعة إلى رجل يقودها بالضرورة وارتباطا مع "منطق المفروض". وتؤكد إن "الكتابة النسوية" هي ضرورة تدل على المرأة دون سواها، وهي تختلف قطعا عن كتابة الرجل لسبب بسيط، أن المعاناة ليست واحدة وإن تشابهت في بعض المرات الكتابة النسوية حسب ما أعتقد هي تفرد وانعتاق.

Ref.: https://www.alquds.co.uk/

\*\*\*

# الأدب النسوي: حين يتمرَّد قلم المرأة

هبة خميس / آلاء مرزوق

المرأة هي قائدة في كل مكان يقع نظرك عليه، فهي تستطيع أن تكون رئيس تنفيذي، وتدير شركة، وتستطيع أيضًا أن تكون ربة البيت، وتربي أطفالها؛ لأن معظم بلداننا بُنيَت من قِبَل النساء القويات، وسوف نستمر في تحطيم الجدران وتحدِّي القوالب النمطية.

-نانسي بيلوسي

أدب نسوي، أدب نسائي، أدب الأنثى، أدب المرأة.. تعددت الأسماء والهدفُ واحدٌ.

هو نوعٌ من الأدب يكون فيه المحتوى مُخصَّصًا لطرح قضية المرأة والدفاع عنها وعن حقوقها؛ فيُعرِّفه البعض على إنه الأدب المرتبط بحركة نصرة وحُرية المرأة وصراعها الطويل التاريخي لمساواتها بالرجل، بينما يعتبره البعض الآخر مُصطلح يهدف إلى فَصْل أدب المرأة عن أدب الرجل، وهذا ما يرفضه بعض النُقَّاد؛ لأن الأدب إنسانيًا وليس من المفترَض تجزئته وِفقًا لنوع الكاتب وجنسه، وقد ناصرَ هذا الرأي الكثير من الأديبات كغادة السِّمان وأحلام مُستغانمي، بينما يرى المدافعون عن المصطلح أن المرأة يجب أن تتمتَّع بخصوصيتها في الكتابة ليظهر الفرق الواضح بين كتاباتها وكتابات الرجل؛ وعليه تتحدد القيمة الإبداعية للنص الأنثوي مُنفردًا.

## مُصطلح الأدب النسوي بين التأييد والمُعارضة

قد وافقَ بعض النُقَّاد على وضع تصنيفات للحركات الأدبية؛ لتيسير تحليل

النصوص الأدبية، مثل تصنيف الأدب النسوي في مقابل الأدب الذكوري، رغم أن كلا مُبدعيه ذكرًا أو أنثى ينتمي للكيان الإنساني الذي ينبض بالانفعالات والتجارب، والفيصل فيه هو الموهبة.

إن مصطلح الأدب النسوي الذي شاع في الغرب ينطلق من نظرة عنصرية يلغي كل جوانب إبداع المرأة ويحصرها فقط في مُحيط الأنوثة، رغم أن هذه الأنوثة هي جزء أصيل من ذات المرأة تضفي عليها بعضًا من الخصوصية في الكتابة، ولكنها ليست كلها ذات المرأة المبدعة، فذات المرأة المبدعة مثل الأرض تنبت كل الزروع وأنواع الزهور وعطورها المختلفة والمتنوعة في جمالها الأخَّاذ.

وليس هناك عيبٌ في أن تبدع المرأة بنفس وحس وجداني أنثوي لأن ذلك يمثل خصوصية تمتع فيها المرأة بخصوبة المشاعر وفقًا لفطرتها، بل إن نجاح الكاتبة في أن تبدع نصًا بمذاق أنثوي فياض بالدلالات والتجارب الإنسانية يضفي على تجربتها الأدبية صدقًا يمس القلوب والعقول معًا.

نعم هناك مواقف وقصص تكون فيها الكاتبة أقدر على التعبير عن المرأة، كما يكون المبدع الرجل أكثر قدرة على التعبير عن عالم الرجال غير أن الكاتب يوسف إدريس برع في وصف عوالم النساء، كما برعت مي زيادة في إثبات قدراتها في تحدي هيمنة كتابات الرجل.

لكن القضايا الإنسانية واحدة يتفاعل بها الجنسان، وتظل لدى طرفي المعادلة بعض الخصوصيات، فبينما يبدو الرجل جريئًا في البوح عن العاطفة والحب، نجد البوح لدى المرأة الشرقية يأخذ صيغًا غير مباشرة ويغلفها العفة والخجل، لكنهما يكتبان معًا وبنفس القدر من الموهبة عن حاجات الإنسان فضاءات للحرية والعدل والرحمة.

إنه من العته العقلي أن نجمد عقولنا وأورواحنا وقضايا واقعنا المعاصر الذي يتعرض لمتغيرات اجتماعية وفكرية ومعرفية يومية في فريزر المصطلحات والتي هي

مجرد أداة من أدوات الفهم والتواصل النقدي والمعرفي، بينما التجارب الإنسانية للكتاب رجالاً ونساءً تفد من ينابيع الحياة المتجددة بمشكلاتها الثقافية والاجتماعية المتعددة.

فلا تصور أن نحصر إبداع المرأة في إطار جنسها الأنثوي في تمييز واضح يقلل من مشاركتها الفاعلة في تنوير المجتمعات، بينما تؤدي هذه المرأة الكاتبة أدوار معرفية متنوعة ومتباينة المقاصد، تمامًا كتنوع وظائفها الكونية من طفلة تقرأ بعيونها سلام الملائكة، وكشابة يافعة تنطلق روحها بالأنوثة والعمل لإثبات ذاتها، وكزوجة تخلص في إسعاد زوجها وكأم هي المربية والأستاذ الأول لابنها الذكر.

لا تستطيع المرأة الحصول على النشوة من خلال تلميع أرضية المطبخ.

–بيتي فرايدن

فهو في جوهره مرتبط بالحركة النسوية، وسعيها لتحصيل مكاسب خاصة بالمرأة في نضالها ضد الرجل، وتعود أصوله إلى أطروحات خارج سياق الأدب، تمامًا كمفهوم الأدب الواقعي أو الأدب الإسلامي أو التحرري، أو غيرها من المفاهيم التي تفصل المعنى عن المبنى، أو الموضوع عن الشكل، وتستقل بالموضوع كجوهر أدبي، في حين أن «الأدب» الجدير بهذه التسمية هو ذلك الذي لا ينفصل شكله عن مضمونه، فتكون الصياغة الفنية فيه جزءًا أصيلًا في صناعة المعنى، وتكون بنيته الفوقية طريقًا للوصول إلى بنيته العميقة، وبهذا المفهوم: ما هي وجاهة مثل تلك المصطلحات السابقة، خاصة: «الأدب النسوي»؟

فكّري مثل ملكة.. ملكة ليست خائفة من الفشل، الفشل هو آخر نقطة انطلاق إلى العظمة.

— أوبرا وينفري

يمكن أن نوافق تمامًا على الاستخدام الاجتماعي أو السياسي للمفهوم كسلاح لدى الحركة النسوية المعاصرة، التي تسعى من ورائه إلى إحراز نقاط

مُتقدِّمة على من يعارضونها، وإلى الدعاية الإعلامية والثقافية لمواقفها، وهذا حق إنساني لا يمكن الاعتراض عليه، مثل كل الفئات البشرية والمجتمعات الإنسانية التي استخدمت الأدب في صراعاتها، لكن حين ندخل إلى حظيرة الإبداع الأدبي، وتكون منطلقاتنا نقدية صرفة، فإن مفهوم «الأدب النسوي» سيتزعزع، ويصبح مشكوكًا فيه، ذلك لأن معايير الإبداع -كما قدَّمنا- لا تقبل هذا الفصل الحاد بين الصياغة والمعنى، ولا يمكن للأدبية أن تتحقق في وجود هذا الفصل، وقد فشلَ أنصار ما يطلق عليه «الرواية النسوية العربية» حتى الآن في تحديد معايير الصياغة الفنية لتلك الرواية، فهم يحددون الاشتغال بموضوعات الذات، وقضايا المرأة عامة كمضامين لهذه الرواية، لكنهم حين يصلون إلى المحددات الفنية لا يجدون ما يقدمونه، سوى محدد واحد هو غلبة ضمير المتكلم «أنا» في هذا النوع من الرواية، وعلاوة على أن ضمير المتكلم لا تختص به الرواية النسوية، فإنه في أغلب الحالات يدل على مراحل ابتدائية في الكتابة، صاحبها ما زال عاجزًا عن التفريق بين ذاته وذات بطله. [1]

## أدب نسوي أم حريم سلطان الأدب؟

البعض يرى أن تجربة المرأة تنجرف نحو هذا المفهوم الضيّق للأدب حين تتوقَّف تجربتها الأدبية على مُخاطبة الرجل بعواطف مُباشرة جيَّاشة، دون أن تنفتح بخيالها وتجربتها نحو الفضاء الإنساني الرَّحب، موجَّهةً كتاباتِها للقلبِ والعقلِ والرُّوح، مُتجرِّدةً من قيود الانحياز لنوعٍ على حساب الآخر؛ فتصنيف ما تبدعه المرأة من نصوص تحت مسمى الأدب النسائي قد يحد من مساحات إبداعها ويُحددها في أُطرٍ، ويُعيدها من انفتاحها الإنساني الخالص إلى حريم سُلطان الأدب الذي يُهيمن عليه المبدعون الرجال.

أنا نفسي لا اعرف بالضبط ماذا تعني «نسوية». إنني فقط أعرف بأن الناس تدعوني «نسوية» حين أعبر عن آراء ومشاعر تميزني عن ممسحة الأرجل.

-ريبيكا ويست

ألا يمكن إذًا أن نعتبر أن ما يطلق عليه «الرواية النسوية» هي رواية غير مكتملة العناصر تكتبها كاتبات ما زلن في طور التنشئة الأدبية، في حين أن الرواية المكتملة فنيًا سواء كان أبطالها نساء أم رجالًا، وأيًا ما تكن القضايا التي تتناولها، لا توصف بأنها «رواية نسوية» فهي رواية أدبية وكفى، وأن الكاتبات اللاتي نضجت كتاباتهن وقدمن إبداعات أدبية مرموقة، لا يمكن اختزال تجاربهن العميقة عن «الإنسان» في جزئية بسيطة، فالتجربة الأدبية الإبداعية هي قفز فوق الذاتي والجزئي والفئوي والعنصري إلى الإنساني.

ماذا يعني بالظبط: أدب تكتبه المرأة أم أدب موجه للمرأة أم أدب يدور حول أوضاع المرأة أم أدب يبحث في الأعماق النفسية للمرأة؟

هذا ما قالته الدكتورة «ثريا العريض»، أديبة سعودية، لتخبرنا أنه ليس هناك اتفاق بشأن مفهوم «الأدب النسائي»

وينعت مصطلح الأدب النسائي أيضًا بالأدب النسوي أو أدب الأنثى أو أدب المرأة. وترى الكاتبة السعودية «فوزية الجار الله» أن البعض يعتقد من وجهة نظره أن هذا التصنيف الأدبي واحد من اثنين إما أنه رقيق ناعم سلس بما أنه صادر من الجنس اللطيف وهو يختص بقضايا المرأة فقط وهمومها أو الاعتقاد الآخر أنه يشمل الكثير من القضايا ولكن ما يميزه أن المرأة تستخدم ألفاظًا لا يستخدمها الرجل وهي حاجاتها الشخصية وهي ترفض تصنيف الأدب النسائي.

بينما عرفت الكاتبة الفلسطينية «منى ظاهر» الأدب النسوى، بأنه الكتابة التى تلتزم بقضايا المرأة سواء كانت هذه الكتابة من إبداع امرأة أو من إبداع رجل، فاللامساواة بين الجنسين ليست نتيجة حتمية للإختلاف البيولوجي، وإنما هي من صنع الشروط الثقافية التقليدية لذلك الاختلاف.

و تضيف «منى ظاهر» إن النص النسوي هو الذي يأخذ المرأة كفاعل في اعتباره، حيث يولد النص مهموم بالأنثوي المسكوت عنه، الأنثويّ الذي يشكل وجوده خلخلة للثقافة الأبويّة الذكوريّة المهيمنة. [2]

## مواقف بعض الأدباء والأديبات من الأدب النسوي

الشاعرة و الكاتبة المصرية فاطمة ناعوت تقف فى صف المعارضين للمصطلح، وتقول عنه: لا أرى مصطلح «الأدب النسوي» مصطلحًا دقيقًا، وإلا توجب علينا أن نتبنى ألوانًا أخرى من «النسويات» مثل: النحت النسوي، العمارة النسوية، الموسيقى النسوية، التشكيل النسوي إلى آخر الفنون الستة، كما صنفها الإغريق. وجميعها مصطلحات غير مقبولة. أتعامل مع المرأة بوصفها إنسانًا، لا بوصفها نوعا وفصيلًا، لأن في تصنيفها لونًا من التمييز والعنصرية.

كذلك كان موقف كل من الشاعر «فاروق جويدة» والشاعر «أحمد سويلم» والشاعر «فاروق شوشة» وكذلك الأديب «علي الصقلي» جميهم رفضوا هذا المصطلح.

على الجانب الأخر، يدعم الناقد سعد البازعي مصطلح «الأدب النسوي»، ويعتقد أنه بتحليل بعض الكلمات التي تنتجها المرأة يمكننا أن نلتمس سمات عامة لهذا الأدب، ويضيف أنهم في الغرب يتحدثون عن النقد النسوي وهو نقد يكتبه الرجال والنساء بهدف الانتصار للمرأة وإثبات مقدار الظلم الذي لحق بها ومحاولة إزالته، وبداية مصطلح النقد النسائي كانت بكتاب «فرجينيا ولف» 1928 «A Room of One's Own» ثم تلتها «سيمون دي بوفوار» بكتاب 1949 «The Second Sex».

موقف الناقدة المصرية «نهاد صليحة» لم يختلف عن «البازعي» وتحدثت عن الأدب النسائى قائلة:

أفضله انطلاقًا من ترجمة كلمة «femin» وتعني «أنثى»، وبالتالي أقول أدب أنثوي أو منظور أنثوي، ولا أقيم التفرقة علي أساس الجنس الذي يُكتَب، ولكن أقيمه من خلال المنظور الفكري.

وعرَّف الشاعر المصري «فؤاد بدوي» الأدب النسائي بأنه: «أدب إنساني». وقال:

ربما كان هناك شاعر كبير أكثر أنوثة في كتاباته من الكثيرات وهو: «نزار قباني».

مؤكداً بذلك رفضه تعبير أدب نسائي، واتفقت معه الشاعرة المصرية «ملك عبد العزيز»، وعبَّرت عن ذلك في قولها:

شاعر مثل «طاغور» يكتب شعره وتحس فيه بحنان الأمومة ورقتها مع أنه رجل.

وفي نفس الإتجاه كانت الشاعرة «نور نافع» التي رفضت كذلك المصطلح و تساءلت:

هناك رجال مثل «إحسان عبد القدوس» يكتبون بلسان المرأة، فهل تعد كتاباتهم أنثوية؟!

ويعلق الدكتور «عبد العزيز محمد الفيصل» -أستاذ الأدب العربي بالسعودية- في هذا الصدد قائلًا:

إننا نجد النساء في النثر مثل «جليلة بنت مُرَّة» وفي الرثاء كـ «الخنساء»؛ حيث تبرز عواطف المرأة، وكذلك نجد أدب النساء أحيانًا يقترب من أدب الرجال مثل خطبة «عائشة» -رضي الله عنها- في أبيها، والأمثال التي قالتها المرأة وهي كثيرة مثل: قول «الجعفاء بنت علقمة السعدي»: كل فتاة بأبيها مُعجبةٌ.

و تجدر الإشارة إلى أن تاريخ الأدب المصري يزخر بأسماء أديبات كُنَّ رموز الأدب النسائي، من بينهن: أديبة الفقهاء وفقيهة الأدباء «عائشة عبد الرحمن: بنت الشاطئ»، وكذلك: «سهير القلماوي»، والمتمرِّدة «أمينة السعيد»، والثائرة «لطيفة الزيات».

وبرغم الخلاف علي المصطلح، لا يمكن أن يختلف أحد علي وجود

كتابات عبرت عن النساء من أروع ما يكون سواء كان كاتبها ذكر أم أنثى، فهو خلاف سطحي، ولكن سوف يكون من الأفضل إذا كان الخلاف على المنظور الفكري للمرأة والمحاولة للتعبير عنها والسمو بها بأفضل ما يمكن من الكتابات.

يعتبر الأدب النسوي أحد المصطلحات الجدلية التي أخذت حيز كبير من الاهتمام منذ فترة التسعينات، خصوصًا بعد أن انتشر استعماله كثير بعد أن ظهرت مجموعة من الأقلام النسائية الواعدة في مختلف الدول العربية، غير أن هذا المصطلح لم يتمكن من توفيق مختلف وجهات النظر حياله خصوصًا من قبل الكاتبات أنفسهن، كما أن النقاد الأدبيين حتى الآن لم يتفقوا حول ما إذا كانت هذه التسمية بالفعل تعكس الواقع الأدبي للنساء أم أنها تحجم من تلك التجربة!

إذ أن بعض النُقَّاد يرون أن تصنيف كل ما تكتبه المرأة تحت ما يسمى بالأدب النسائي لا يُعد صحيحًا خصوصًا وأن بعض الأصوات النسوية لا تتحدث لا من قريب ولا من بعيد عن قضايا وهموم المرأة؛ بل ينحصر سردها الأدبي في كثير من الأحيان على إسقاطات شخصية حول مواضيع مختلفة؛ ولذا لا ينبغي أن تُصنَّف كل تلك الكتابات بكتابات نسوية إلا إذا ناقشت بشكل رئيسي في سردها الأدبي القضايا التي تتعلق بواقع وهموم المرأة في مختلف المجالات.

هل تعني النسوية شخص كبير غير لطيف يصرخ بوجهك أو شخص يؤمن بأن النساء هن بشر؟ بالنسبة لي الأمر يعني الصنف الثاني، ولهذا أوقع!

- مارغريت آتوود

من جهة أخرى يرى بعض النُقَّاد أنه ينبغي أن يصنف كل ما تكتبه المرأة بالأدب النسوي؛ لأن المرأة بشكل عام تميل إلى تغليب المشاعر والتركيز على

التفاصيل أثناء تجربتها الأدبية، وبهذا تكون التجربة الكتابية متشابهة بين مختلف الأقلام.

المرأة بعاطفتها، إنسانٌ يفوق الإنسان.

−سعود السنعوسي

ما يناقض هذا الجانب من النقد هو أن الأسلوب الأدبي يختلف من كاتب لآخر، ويوجد كتاب يستخدمون بشكل مكثف جانب المشاعر والتفاصيل في أعمالهم الأدبية، وبهذا لا يمكن أن يحصر هذا النوع من الكتابة بالصوت النسائي، خصوصًا إذا علمنا أن هناك كاتبات تخصَّصن في مجالات بعيدة عن قضايا المرأة تمامًا كالكاتبة المتخصِّصة في الأدب البوليسي «أجاثا كريستي»، وبهذا يبدوا أن تصنيف الأدب النسوي كأدب يرتبط بقضايا وهموم المرأة هو الأقرب للمنطق. [3]

## موقف الأديبات العربيات من وجهات النظر النقدية

يجدر الإشارة إلى أن موقف الأديبات والكاتبات العربيات تباين بشكل كبير أمام وجهات النظر النقدية التي تُثار حول الأدب النسوي بشكلٍ عام، فمنهن من اتخذت موقف الرفض التام لمثل هذا التصنيف باعتباره تمييز يقصد منه التقليل من قيمة الإبداع الذي تنتجه المرأة، وذلك بربطه بخصائص فسيولوجية لا علاقةَ لها بالأدب والإبداع لا من قريب ولا من بعيد، ويتبنَّين فكرة أن ترفض هذه التسمية تمامًا؛ لأنه لا يتم تصنيف بقية الأنواع من الأدب كالأدب الذكوري مثلًا أو أدب العميان مثلًا أو أدب ذوي الاحتياجات الخاصة!

المرأة التي تسعى إلى أن تكون على قدم المساواة مع الرجال تفتقر للطموح.

−مارلين مونرو

وجهة النظر الأخرى تجاه تلك الأراء النقدية اتخذت موقفًا وسطيًا، إذ أنها

لم ترفض استخدام المصطلح تمامًا، ورأت فيه وسيلة جيدة للتعريف بالإبداع والأدب الذي يتحدث عن واقع المرأة، باعتبار هذه الخطوة مفيدة للتركيز على الإشكاليات التي تواجه واقع المرأة العربية، والتي يمكن حلها من خلال بناء الوعي المجتمعي باستخدام الأدب، غير أن أصحاب هذا الرأي يرفضون ربط هذا الأدب بالخصائص الفسيولوجية للمرأة، لأن بعض الكتاب يكتبون بنفس الطريقة التي تكتب بها المرأة، كما أن بعض الكتاب يكتب بشكل فعَّال حول قضايا المرأة والدفاع عن حقوقها.

وجهة النظر الثالثة تجاه مصطلح الأدب النسوي مؤيدة تمامًا لهذا المصطلح باعتباره كان أحد الوسائل التي ساهمت في تحرير المرأة الغربية من التقاليد والقيود المجتمعية التي أعاقتها لقرون، وأصحاب هذا الرأي يميلون بشكل كبير إلى إعادة استنساخ تجربة الحركة النسوية الغربية والتي استخدمت الأدب بشكلٍ رئيسي لإعادة تشكيل وعي المرأة تجاه قضاياها، وإعادة تشكيل وعي المجتمع تجاه دور المرأة في مختلف الجوانب.

وبشكل عام، أثَّر تباين وجهات النظر حول هذا المفهوم بشكل كبير في واقع المرأة، إذ أن النقاد حاليًا يركِّزون بشكلٍ كبير على الجوانب الفنية في قراءة الأدب الذي تكتبه المرأة، وهذا يدفع كثير من الكاتبات إلى التركيز على الجوانب الفنية على حساب الجانب الموضوعي أو المحتوى القيمي الذي يجب أن يتضمنه العمل الأدبي بصفته وسيلة لمعالجة قضايا المجتمع.

> إذا كنت ترغب في قول شيءٍ ما اسأل الرجال؛ إذا كنت تريد فعل شيءٍ ما، اسأل امرأة.
>
> -مارجريت تاتشر

ويجدر الإشارة إلى أن بعض النُقَّاد يتبنون فكرة أن الأدب النسوي في الدول العربية بشكل خاص يأخذ طابع تكرار الذات والتقليد للتجربة الغربية

وبهذا يفتقد الأدب النسوي في كثير من الأعمال الأدبية التي تكتبها النساء –في الوطن العربي– إلى عامل الإبداع، وهذا نتيجة طبيعية للتحديات التي تواجه الأديبات بشكل عام في الواقع العربي، غير أنه يوجد مجموعة من الكاتبات اللاتي تمكن من كَسْر حاجز التحديات، والتغلُّب على العوائق الاجتماعية والاقتصادية، وتمكّن البعض منهم من الجَمْع بين تحقيق الجانب الفني والقيمي منهن: الروائية «رضوى عاشور» صاحبة ثلاثية غرناطة الرواية التاريخية التي تحكي عن عهد آخر ملوك بني الأحمر، إضافة إلى بعض الكاتبات اللاتي ركزن على نقد إشكاليات المجتمع ک «أهداف سويف»، و«سلوى بكر»، و«أحلام مستغانمي»، و«نوال السعداوي»، و«ليلى بعلبكي»، و«فدوى طوقان»، وغيرهن..

أيها الرجال الرجال سنصلي لله طويلًا كي يملأ بفصيلتكم مجددًا هذا العالم، وأن يساعدنا على نسيان الآخرين.

–أحلام مستغانمي

وبشكلٍ عام.. سواء نُظر إلى الأدب النسائي على أنه أقرب للتقليد منه للإبداع، فإنه ينبغي أن تُكلَّل التجارب الفنية القيِّمة التي حققتها المرأة العربية حتى الآن، كما ينبغي دعمها من خلال التعريف بها، ونشرها للقراءة على مختلف المستويات أيًّا كان مُسمَّاها الأدبي؛ وبذلك فإننا نساهم بشكل كبير على تشجيع هذا النوع من الأدب؛ ليخلق تأثيره الإيجابي على مستوى وعي المرأة نفسها ووعي المجتمع. [4]

كتابة وإعداد: هبة خميس.

مراجعة: آلاء مرزوق.

**المصادر:**

1. أحلام معمري .إشكالية الأدب النسوي بين المصطلح واللغة.

2. رابطة الأدب الإسلامي. أدب المرأة: دراسات نقدية. العبيكان, 2007.
3. جوزيف زيدان. مصادر الأدب النسائي في العالم العربي الحديث. المؤسسة العربية للدراسات والنشر
4. أميرة خواسك. رائدات الأدب النسائي في مصر.

Ref.: https://egyresmag.com/

※ ※ ※